自由進度学習
超効く！言葉かけ

難波 駿
Nanba Shun

学陽書房

はじめに
～教師の言葉が未来をつくる～生涯学び続ける子どもを育てる

本書は、自由進度学習をはじめとした「子どもが主語の授業」において、教師がどんな言葉を選び、どのように届ければ、子どもたちが主体的に学び、生き生きとした学び手へと成長するかをともに考える1冊です。子どもたちが、学びのコントローラーを持ち、自分のペースで学び進めていると、必ず迷いや戸惑いが生じます。そんな子どもたちの学びを支えるための、教師の「言葉かけ」が果たす可能性を掘り下げました。

子どもの目がキラリと輝いた瞬間に立ち会えた時、それは教師にとって最も嬉しい瞬間の一つではないでしょうか。「そういうことか！」「もっと知りたい！」と声が上がり、表情にパッと光が差し込む瞬間。その子から未来への無限の可能性を感じ、私はいつも心が震えます。あの瞬間に何度でも立ち会いたい。今日も明日も明後日も。

そんな尊い瞬間を生む鍵が、教師の「言葉かけ」にあるのではないかと考え、本書を執筆しました。

学習者主体の授業を支える「学級経営」の本を書きませんか？　と学陽書房の土田さんからお話をいただいた際、真っ先に浮かんだキーワードは「言葉」でした。

「学級経営」の根幹は、間違いなく「言葉」にあります。

○子どもにもっと任せたい。（でも、遊び出したら、どうしよう）
○学習者主体の授業をしたい。（でも、学級が落ち着かなくなったら、どうしよう）
○自由進度学習をやってみたい。（でも、学びに対する主体性が損なわれたら、どうしよう）

理想と現実の狭間にある大きな不安。それを解決する糸口が、教師の日常の「言葉」にあります。

しかし、ここで最も重要なことを述べておきます。

本書は「巧みな言葉」で子どもを動かそうといった小手先のテクニックを説くものではありません。

小手先のテクニックは、子どもたちにすぐに見抜かれます。仮に授業中に一時的な変化が見られたとしても、それは子どもが教師の意図を感じ取って適応しているだけかもしれません。これでは、自由進度学習に必要な本質的な「学びの構造転換」にはつながらないのです。

人生100年時代、そして変化が激しい令和の時代。私たちが育てたいのは「生涯学び続ける力」

を持った子どもたちです。教室や先生から離れた後も、自ら進んで学び続ける力を、何としても育みたいのです。

「言葉の力」を信じ、その選択にこだわっていますか？
形式的な言葉を投げかけているだけではありませんか？
子どもたちに本当に伝わっているでしょうか？
本気で伝えようとしたでしょうか？

私自身、数え切れない「言葉かけ」の失敗を重ねてきました。

「どうしてあんな言葉をかけてしまったのだろう」と悔やんで眠れない夜も何度もありました。本書を書き進める中で、その過去の失敗と向き合うことは苦しい時間でもありました。しかし、その経験から得た「学び」と「言葉」を、ぜひ本書を通じ、皆さんと共有したいと思います。

本書には、主体的に学ぶ子どもを育むための「30の言葉」が紹介されています。その中の一つでも、明日からの教室で実践し、役に立ててもらえたら、著者としてこれ以上の喜びはありません。

二〇二五年二月

難波　駿

本書の読み方

本書は4章で構成されています。
まず第1章では、子どもたちに伝えるために必要な教師の言葉（内向きの言葉）をテーマにしています。第2章から第4章までは、子どもたちに向けた言葉（外向きの言葉）を扱います。

本書を読む際、ぜひ第1章から読み始めることを薦めます。「内向きの言葉」が整わないと、いくら「外向きの言葉」を工夫しても、それは子どもには伝わりません。前述した、小手先のテクニックを駆使した「巧みな言葉」へと退化してしまいます。

第2章以降は、子どもたち個々人の「主体的な学習者レベル」に応じて声かけをまとめています。皆さんのクラスの子どもたちの状況に応じ、どこから読んでいただいても構いません。

子どもたちへの「最適な言葉」が、本書を通じて見つかることを願っております。

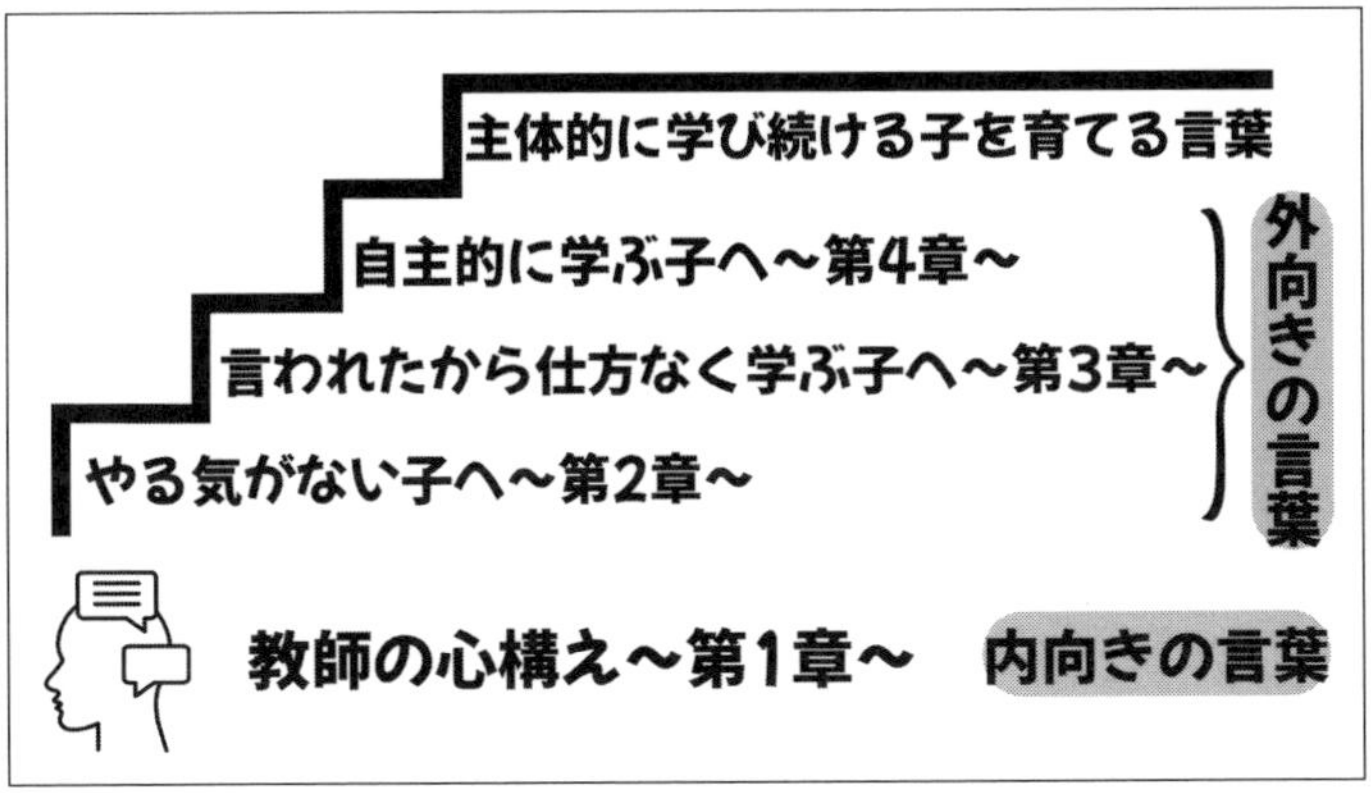

Contents

第2章 「やる気がない」子どもたちが前向きに動き出す言葉

第3章 「言われたから仕方なくやる」子どもたちが自主的に学び出す言葉

第4章

「自主的に学ぶ子」がさらにレベルアップする言葉

第1章

「自由進度学習」で学級経営がうまくいく！教師自身の心構え

1

「伝わらなくてもいい」と思って大丈夫

ちょっと惜しい…

△

この前も言ったのに。

←

もっと伝わる！

○

いつか受け取ってくれたらいいな。

◎厳しくできなくなった時代の教育の難しさ

「ハラスメント」という言葉が一般化し、「強要する」「高圧的な指導」が消えつつあります。私は、これは良いことだと考えます。これまで「我慢しなければならない」という選択肢しかなかった人たちが、「改善を求める手段」を得た時代とも捉えられます。しかし、その一方で、「厳しく指導することが難しい時代」が到来しているのもまた事実です。イチロー氏は、愛知県の社会教育センターで行われた「イチロー杯争奪学童軟式野球大会」の閉会式で、次のような言葉を残しました。（Full-Count『イチロー氏、現代を生きる少年少女へ伝えたいこと「自分で自分を教育しないと」』２０１９年12月23日掲載記事より）

「教えてくれる人たち、先生たちは、なかなか（厳しく言うのが）難しいらしい。先生よりも生徒の方が力加減でいうと強くなってしまっているような状況があるみたい。このことを僕は今、心配している。『どうやって教育するんだろう』とよく考えることがあります」

「みんな小学生だけど、高校、大学、社会人になる前に経験する時間、そこで自分自身を自分で切り開いてほしいと思います。厳しく教えるのが難しい時代、自分で自分のことを教育しないといけない時代に入ってきた。自分は小、中、高となかなかそうは思えなかった。自分には厳しい先生がいた。今を生きているみんなには、それが大切なことと覚えておいていってほしい」

厳しい指導がしにくくなった今、「自主性や自立性をどう育むか」これは現代の教育が直面する大きな課題のひとつです。教師は、ただ「厳しく指導する」ことができなくなったと嘆くのではなく、子どもたちが「自らを律し、より成長する心」を育むために、どのようにしていくべきかを考える必要があるでしょう。

◎厳しくできない時代に必要なのは、伝えること

「厳しくできなくなった時代」に、どのように子どもたちを育て、導くのかともに考えていきませんか。私は、もっと「伝える」ことに重きを置くべきだと考えます。単に学習指示や指導をするだけではなく、その背景や意義を伝えたり、物事を継続する価値について語ったりすることが大事だと思います。

▼指示のみ

教師「正しい姿勢で、整った字を書きましょう」

▼意義もセットで伝える

教師「正しい姿勢で字を書くと、頑張る気持ちが湧いてくるよ。整った字で文字が書けるようになると、どんな良いことがありそうかな？」

意義を伝えるには時間がかかります。しかし、**今の時代、「他者から行動を促されること」を待つのではなく「自分で自分を納得させる根拠」をどれだけ持っているかが重要です。**「なぜ整った字を

書く必要があるのか」「どうやったら整った字を書きやすくなるのか」という自分の中にさまざまな納得材料を持っている子どもは、いずれ、「自分で自分を厳しくする力」を身につけていくはずです。

◎「いつか受け取ってくれたらいい」程度の気持ちを常に持っておく

放っておくだけでは正しい道に導けないとわかっているからこそ、私たち教師は日々言葉を伝え続けているわけです。しかし、必ずしも教師の言葉を受け取ってもらえるとは限りません。それを常に自覚しておく必要があります。今、子どもたちに言葉が届かなくても、未来でその言葉が花開くことを願い、伝える心構えが大切です。

「伝えるタイミングを見極める」「真剣に伝える」「伝える技術を磨く」

これらを意識するのは当然ですが、子どもたちが**「今は受け取れるタイミングなのか？」という状況の見極めも大事にしていきたいものです。**

今は受け取ってもらえなくても、３ヶ月後に伝わるかもしれないし、１年後に伝わるかもしれないし、10年後に伝わるかもしれません。それでいいではないでしょうか。

やってみよう！

- **厳しくできない時代こそ、意義を伝えることを重視しよう**
- **すぐ伝わらなくても焦らず、長期的な視点で待とう**

2

勉強は面白いものだと捉え、授業を考えよう

ちょっと惜しい…

△

子どもたちがサボらないようにするには、どうしたらいいかな。

←

もっと伝わる！

○

子どもたちが学びに夢中になるには、どうしたらいいかな。

◎「勉強ってそもそもつまらないもの？」から疑おう

私が講師を務めるセミナーや学習会の場で、参加者の先生方に頻繁に問いかける質問が「**勉強って、つまらないものでしょうか？**」です。次のような反応がよく返ってきます。

「好きなことなら楽しいけど、興味のないことはつまらない」
「正直、学生時代は勉強が嫌いでした」
「勉強ができれば楽しいが、できないとつまらない」

こうした回答に触れるたび、私は「**騙されたと思って、前提を変えて、授業を考えてみませんか？**」と提案し、「授業を再考するワークショップ」を取り入れます。これは自由進度学習、つまり学習者主体の授業を実現するうえでとても大切な話です。

思考の過程で、私たちは「前提」をもとに、「結論」を決めています。

・（前提）鳥は卵を産む。カラスは鳥だ。↓（結論）だから、カラスは卵を産む。

同様に、もし「子どもたちは勉強がつまらないと思っている」と前提を置いてしまう場合、次のような授業（結論）が導かれます。

・（前提）子どもは勉強をつまらないと考えている。↓（結論）サボらないように管理しよう。教師が楽しい演出をしよう。

こうした過剰な「管理化」や「サービス化」は、子どもから「学びの主導権」を少しずつ奪っていきます。

そこで「そもそも勉強は面白いものだ」という前提で授業を組み立てると、次のような発想が生まれます。

・（前提）勉強って面白いものだ↓（結論）つまらなく感じさせる要因は何だろう？　それを取り除けば、子どもは学びに夢中になるかもしれない。

◎三つの原因〜勉強がつまらなくなる理由を取り除く〜

皆さんは、「本当は楽しいはずの勉強」が、学校では「つまらない」と感じさせる要因は何だと思いますか？　子どもたちの言動や表情、雰囲気から、三つの要因を推測できます。

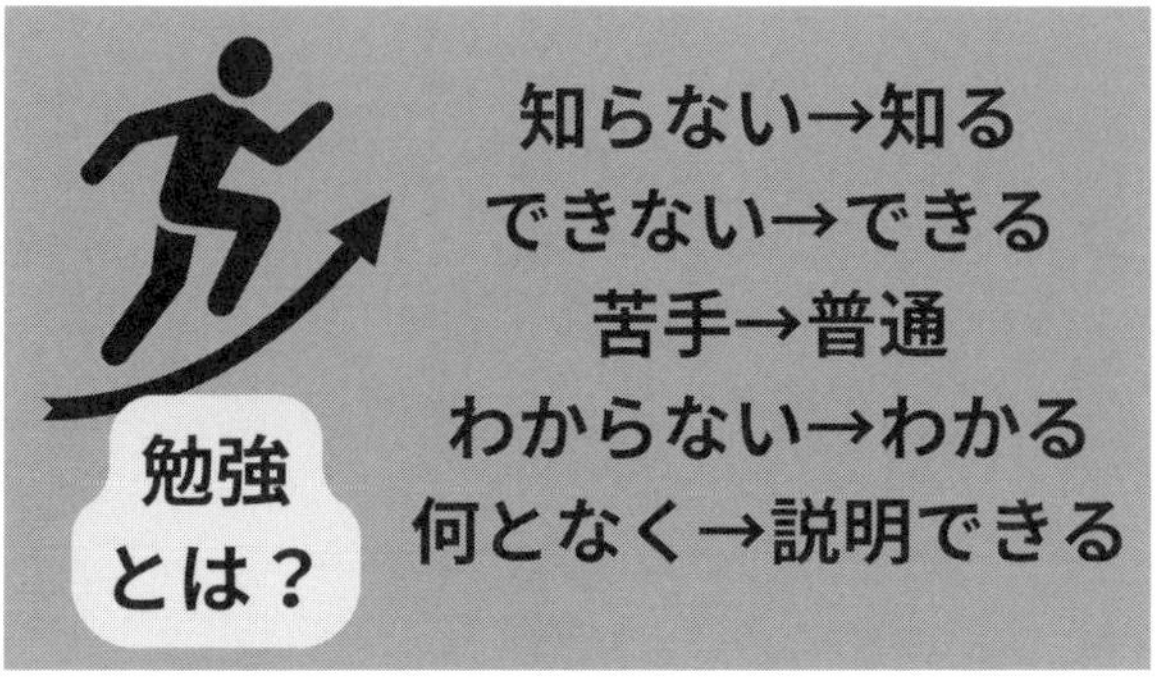

1　テストの点数への過度な反応

2　他者との比較による自己肯定感の低下

3　授業中の自己コントロール感の少なさ

1と2に関しては、教師の日常的な言葉かけが非常に重要になります（詳細は本書第2章以降で解説しています）。

3に関しては、授業の仕組み自体を見直す必要があると感じています。私は、自由な学習進度で学べる「自由進度学習」を、教科の特質も見極めながら適宜取り入れ、子どもたちが「授業中の自己コントロール感」を感じられるよう試行錯誤しています。

授業に十分「自己選択の余地」があると、学びが「自分ごと」となり、真剣に見通したり振り返ったりする姿が生まれてきます。学びが「自分ごと」の状態となっている子どもに、教師は学びの伴走者として付き添いましょう。この姿が習慣化されると、子どもたちが学びに対して主体的になり、自由進度学習が定着していきます。

やってみよう!

- **「勉強は面白いものだ」という前提で授業を考えてみよう**
- **つまらなくしている要因を授業から一つずつ取り除こう**

3 信頼関係を築くには、誠実に謝るとうまくいく！

ちょっと惜しい…

△

すぐに謝ったら舐められるかもしれない。

←

もっと伝わる！

○

子どもが不快に感じた部分を聴き、まずは謝ろう。

◎教師も間違うことがあると自覚し、伝えていく

「先生は、子どもの前で間違えてはいけない」

20代前半の頃、私はなぜか肩肘張ったような気持ちで子どもたちと接していました。

「毎日のように謝っていては、信頼関係が揺らぐのではないか」

「書き順を間違えてしまったら、子どもたちに舐められるのではないか」

そんな被害妄想が、自分を息苦しくしていたのだと振り返ります。

でも、教師も間違えるし、勘違いもします。**たとえ間違えても、子どもたちに対して、誠実に、経緯や理由を説明し、素直に「ごめんね」と伝えると、むしろ信頼関係が強固になる経験が何度もありました。**子どもたちに「ごめんね」という習慣はありますか？　教師が子どもたちの気持ちを尊重し、誠実に謝ることが、信頼関係の基盤をつくっていきます。

◎教室の中に「誰でも間違えることはあるよね」という雰囲気をつくる

教師が誠実に「ごめんね」といえる環境となるには、教室の中に「誰でも間違えることはあるよね」という温かみのある雰囲気をつくることが欠かせません。「多様性を尊重する教育」といえば壮大に聞こえますが、まずは「一人ひとりに多様な困難や苦手がある」ことを学級内で共有しましょう。

私の実践で有効だったのは、NHK for School の番組「でこぼこポン」や「u&i」を視聴し、「いろ

いろな人がいる」ことを考えたり話し合ったりする時間を設けたことです。これらの活動により、教室内に寛容な気持ちが少しずつ広がり、空気が和らぎました。

◎たとえば子どもたちへの予定変更の伝え方

教師の誠実な対応が求められる代表例として、「急な予定変更」を考えてみましょう。たとえば「体育の授業」が延期になった場合、子どもたちの感情が不安定になりかねません。

▼良くない考え方と伝え方

子どもたちから批判を受けたくない、舐められたくないと考え、ごまかして伝える

教師「今日の体育は来週に延期になりました。他の学年が体育館を使うことになったので、仕方がないですね」

▼良い考え方と伝え方

子どもたちの不快を真摯に受けとめ、「ごめんね」を伝える

教師「みんなに謝らなくてはいけないことがあります。体育の授業を楽しみにしていたみんな、ごめんね。先生が、４年生と体育館の割り当てを交換していたことをみんなに伝え忘れていたんだ。今日の体育、楽しみにしていた人はたくさんいるよね。ごめんね。同じことが起こらないよう、変更があったらすぐに伝えるようにするね」

「体育の授業延期」の場合は、このくらい誠実に対応したいものです。体育の授業を一番の楽しみにしている子どもも多いですから、単に「報告」だけで終わらせず、丁寧に言葉を伝えましょう。

（その他、謝る場面の例）

・間違えた情報を伝えたり教えてしまったりしたことに気づいた場面

・子どもの言動から、子どもの心情を決めつけてしまい、誤解していたことに気づいた場面

自由進度学習が目指す「主体的に学びに向かう学級」をつくるうえで関係があるのか？　と疑問に思われた方もいるかもしれませんが、**「伴走者」「ファシリテーター」として関わる教師が「信頼できる一人の人間であるか」は非常に重要な観点です。**私も自らの人間性を磨いていきたいと常に感じています。

やってみよう！

- 「ミスが許されない」という雰囲気を少しずつ和らげていこう
- 教師側のミスは、「報告」だけにせず、誠実に謝ろう

4

「聴く・肯定する」を意識すると反発が減り、自主性が育つ！

ちょっと惜しい…

△

（次に何を指導しようか考えながら）うんうん。

←

もっと伝わる！

○

（子どもの論理・感情を想像しながら）うんうん。

◎まずは聴く。ゆったりと耳を傾ける

話を「聴く」というのは、実に難しいことです。ここでは意図的に「聴く」と書いていますが、ＮＨＫ放送文化研究所のＨＰの「放送現場の疑問・視聴者の疑問」の中で、「聴く」は「聞く」とは違い、注意深く、身を入れて、進んで耳を傾ける場合に使うと述べています。

自由進度学習では、子どもが自ら学び進めていきます。そのために、まずは教師が「話を聴く」ことが重要です。教師視点からすると、子どもたちが学びの主導権を握ると、予測できない行動や言動があり、戸惑うこともあるでしょう。しかし、子どもの挑戦に反射的に対応していると、子どもたちは徐々に「教師の顔色を伺った学び」に取り組むようになります。そのような様子は目指したかった教室の姿ではありませんよね。

たとえ「これは違うかも」と子どもの姿から感じる場面でも、まずは「聴く」というアプローチを心がけましょう。話を聴き、まずは冷静に「対話」ができる雰囲気を生み出すのです。

「否定しない」「押しつけない」「干渉しすぎない」「急いで解決しようとしない」この四つの「ない」を意識することが、より良い対話を生み出す鍵です。

しかし、ここで問題となるのは、「教師が教室に一人しかいない問題」です。ある一人の子の話をじっくり聴く選択をすることは、残りの30人の話が聴けないことを意味します。子どもの話を聴くために「学びの構造転換」が必要なのです。

◎授業の「構造転換」で、一人の話を聴いたとしても止まらない授業を実現する

教師がいなくても、「子どもたちだけで学びが持続する」授業の仕組みは構築できていますか。もし、1日の大半の授業が「教師不在だと学びが進まない」構造だとすれば、授業中に子どもたちと対話する機会は少なくなってしまうでしょう。

その問題を解消するため、教師は授業後の「休み時間」に対話を試みることがあります。しかし、休み時間は子どもたちが最も大切にしている時間なので、子どもが話を聴いてくれない状況が生まれることもあります。やはり、これらの問題を解消するには、「教師がいない状態でも学びが進む授業」の構築が求められます。

◎単元で「見通し」を持たせ、子どもたちが授業を進められるようにする

授業構築の一例として、5年生の国語の「書くこと」単元を考えます。子どもたちに単元の見通しがなく、毎時間「教師からの指示・課題提示」が中心となると、学びの見通しが立ちづらくなります。

①時間目　**教師**「社会の暮らしやすさについて、考えていきましょう」
②時間目　**教師**「教科書のモデル文を読み取りましょう」
③時間目　**教師**「筆者の主張は何かな？　どんな事例かな？」

このように「1時間完結型の授業」が続くのではなくて、次のような流れを心がけます。

①時間目

教師 **「社会の暮らしやすさについて、考えていこう。君たちは、教科書の例文のように『社会が変わったらいいな』と思うことはあるかな？ 教科書の例文も参考に、最後は君たちの意見文も書いていくよ。それでは、『固有種が教えてくれること』を読んでいくよ。どんな読みの視点を大切にするといいだろう？ これまでの説明文の学びを思い出してみよう」**

子どもたちが2時間目以降の学習を見通せるようになり、仮に教師が授業開始時にいなかったとしても、「子どもたちが学び出す方向性」をイメージできる単元デザインにするのです。子どもだけでも、学び進められる授業が成立することで、教師は個々の子どもの話をじっくり「聴く」ことができるのです。話を「聴く」時間がとれることで、子どもたちもまた、前向きに学びに戻ることができます。指導や注意を考える前に、まずは子どもの話を聴く環境を整えましょう。

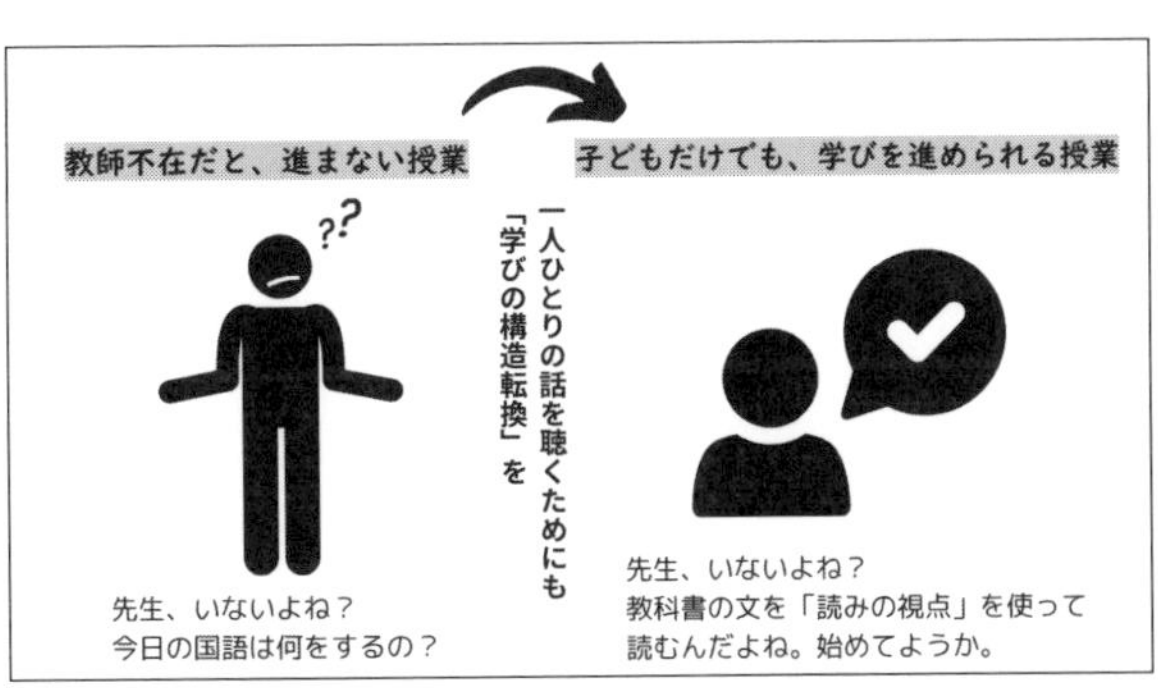
教師不在だと、進まない授業
??
先生、いないよね？
今日の国語は何をするの？
一人ひとりの話を聴くためにも「学びの構造転換」を
子どもだけでも、学びを進められる授業
先生、いないよね？
教科書の文を「読みの視点」を使って
読むんだよね。始めてようか。

やってみよう！

- **話を聴くために「教師がいないと学びが進まない授業」の比率を下げよう**
- **単元で授業構築をし、子ども自身が学びの見通しを持てるようにしよう**

5

感情に流されずに対応できるようになる言葉

△ ちょっと惜しい…

また、怠けている。

←

○ もっと伝わる！

何かあったのかもしれない。

◎教室では「認知バイアス」が起こりやすいと自覚しておく

授業中、机に突っ伏し寝ているように見える子（Aさん）がいたら、どんな「内なる言葉」を皆さんは発しているでしょうか。大切に思う親心のような気持ちと、日常の姿を知っている分「認知バイアス」が働きやすい場面でもあり、十分に気をつけなくてはなりません。

※**認知バイアス**とは、情報を解釈するときに無意識に生じる偏りで、現実とは異なる判断や意思決定をしてしまうことを指す。思考や判断に影響を与える「心のクセ」のこと。

前述の事例でいえば、教師が日頃からAさんは勉強に消極的で、苦手意識があると認識していると、Aさんが机に突っ伏している姿を見て「怠けている」と決めつけ、偏った情報を基に判断してしまう癖が働きやすいことを心に留めておくべきなのです。

一方で、いつも授業に積極的なBさんが、同じように机に突っ伏していたらどうでしょうか。「何があったのかな」「具合が悪いのかな」と心配するのではないでしょうか。

ここで伝えたいことは、**毎日長い時間を一緒に過ごしている教員こそ「認知バイアスが働いていないか」を常に自分に問いかける余裕を持つべきだということです**。反射的な対応をして決めつけてしまっては、子どもとの信頼関係が損なわれ、主体的に学びに向かう力も育まれにくくなってしまいます。

◎「もしかしたら」「かもしれない」を語尾につけてみる

反射的な対応になってしまいそうな場面では、必ず語尾に「かもしれない」をつける習慣を意識しましょう。認知バイアスに気づき、公正な教師の対応につながりやすくなります。

▼対応事例

教　師（心の声）「また今日も机に突っ伏している。怠けている」

（語尾変換）↓**「もしかしたら、家族や友達と何かあったのかもしれない。理由を聞いてみよう」**

教　師（心の声）「連日同じ物を忘れている。授業準備ができていない」

（語尾変換）↓**「もしかしたら、わかってはいるが困っていることがあるかもしれない。事情を確認してみよう」**

◎「事実」と「解釈」を分離する

「授業中に机に突っ伏して寝ている（ように見える）」が「事実」の部分です（本当に寝ているかは、定かではないので、事実ではありません）。

一方「怠けている」は「解釈」になります。本当に怠けているかどうかは、本人に確認し、寄り添わなければわかりません。**「解釈」をする前に、子どもに聞いてみようと「内なる言葉」の選択肢を持つだけで、反射的な対応になる場面は劇的に減るはずです。**

私も「もしかしたら」「かもしれない」の内なる言葉を持っていたおかげで救われた経験が何度もありました。

怠惰に見える授業態度を頭ごなしに否定せず、「どうした？　何かあったの？」と対話ベースで事情を聞いてみると「風邪薬を飲んでいた」「ペットの体調が悪くて心配だった」「休み時間に友達から言われた一言が気になっていた」などの実情に気づけたことがありました。

子どもがそんな大変な事情を抱え、何とか授業に参加していたのにも関わらず教師側が一方的に決めつけ、責めるような言葉を投げかけていたらと想像すると、ぞっとします。

やってみよう！

- 教室は「認知バイアス」が働きやすい環境であると自覚しよう
- 「事実」と「解釈」を切り分け、不明な部分は直接子どもに確認しよう

6

機嫌のいい大人が近くにいるだけで、最高の教育環境に！

ちょっと惜しい…

△

ここは、譲らないぞ！

←

もっと伝わる！

○

ひとまず、妥協点を見つけていこう。

◎機嫌よく働いているだけで、教育効果がある

「人間の最大の罪は不機嫌である」と、1700年代生まれの文豪ゲーテは言いました。教師や親のストレスが子どもの学習意欲や学業成績の低下に影響する、と指摘した研究や理論も存在します。特に小学校の学級担任は、子どもたちと朝の8時から15時まで、1日合計7時間、週5日間も過ごすことになるわけです。1日の三分の一以上の時間を共有する先生の「機嫌」は、子どもたちの教育に大きな影響力を持つのです。

◎人と関わる仕事だからこそ、人間関係で不機嫌にならない

教師という職業はまさに「人と関わる仕事」の筆頭です。勤務時間の大半が、直接的な人との関わりで占められます。人との関わりが中心の仕事だからこそ、人間関係で不機嫌にならないことがプロフェッショナルとしての姿勢ではないかと考えています(難しいですよね。でも鍛錬です)。

作家の有川真由美さんは、機嫌がいい人の「コミュニケーション」に関する小さな習慣として、次のような小さな心がけを提案しています。

・相手の名前をたくさん呼ぶ　・人の良いところはすぐ口に出す
・身近な人の欠点に慣れる　・正しいことを言うときほど控えめに言う
※『いつも機嫌がいい人の小さな習慣 仕事も人間関係もうまくいく88のヒント』(毎日新聞出版、2019年)より

私も子どもたちと接する時間が長いからこそ、「機嫌が良い状態」で教育活動が持続できるよう、「機嫌が良くなる習慣」を意識しています。

私が心がけている習慣の一つは、「挨拶」に一言付け加えることです。「おはよう。**今日も楽しみだね**」「さよなら、**また明日会いましょう**」といった一言を加え、自身の機嫌を良い状態に保つように努めています。

◎教育は長期的視点を大切に、無理のない妥協点を模索する

教師は、子どもたちを大切に思うからこそ「もっと成長してほしい」と願います。「ここは、譲らないぞ!」と指導に熱を込めたのに、子どもから思い通りの反応が返ってこなくて落胆することもあるかもしれません。しかし、子どもたちが成長への挑戦をするには、大きなエネルギーを要します。子どもたちが「やってみたい」「やってもいいかな」とプラスのエネルギーに満たされていればいいのですが、家族や友達などの人間関係の影響で挑戦への活力が失われている時期もあります。日常の姿を知っているからこそ、教師は「子どもの状態」を注意深く見極め、「今日は無理をさせずに、妥協点

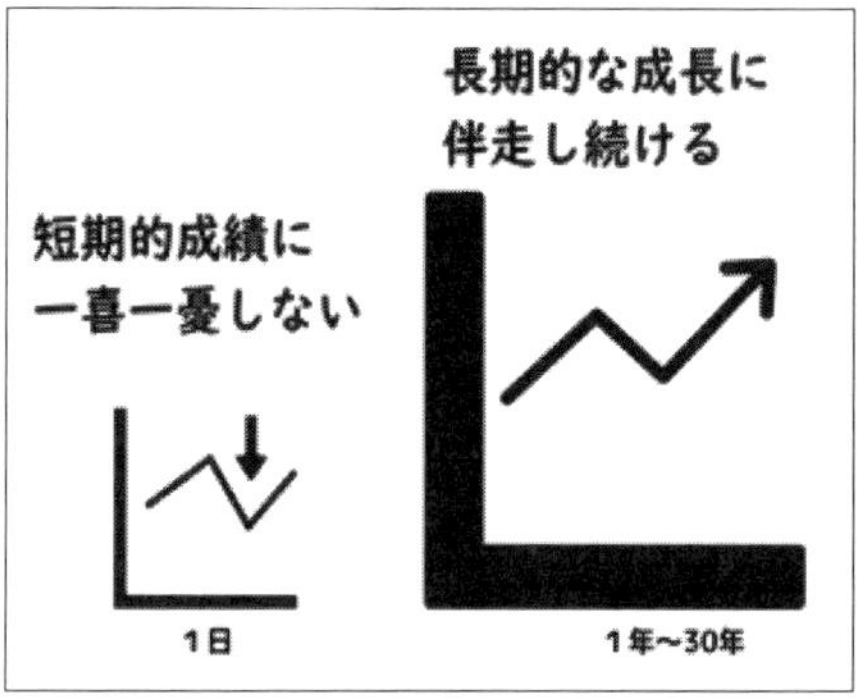

を探っていこう」という柔軟さも、時には必要なことです。

教育において妥協することは、長期的視点で見れば、必ずしも「悪」ではありません。むしろ、子どもたちが学び続けるための手助けにもなるのです。それは、子どもの意欲を保ちながら、挫折を防ぐための重要な教育技術といえるでしょう。目先の成長に捉われず、学習者の入り口である義務教育段階では、「勉強って楽しい」「学ぶって面白い」「できるようになりたい」という心が保たれていることのほうが重要だと思います。

焦らず、一歩ずつ子どもと向き合いながら、少しずつ前進することが、大きな成果につながるはずです。苦しいと感じる場面では、無理をせず、できることから少しずつ取り組む。その積み重ねが、主体的に学び続ける子を育てるのです。

やってみよう！

●教師が「ご機嫌」でいることが、教育効果を高めると心得よう
●子どもの表情や雰囲気を観察し、「妥協する」という戦略も大事にする

Column 1

誰かの言葉に支えられて、私自身も頑張ってこられた話

「教師の仕事、向いていると思うよ。優しい先生になりそうだね」

中学の卒業式、先生が私にかけてくれた言葉を今でも鮮明に覚えています。卒業アルバムにメッセージを書きながら、先生がそう言ってくれました。

この言葉が、私の人生の羅針盤となり、「学校の先生になりたい」と強く心に刻まれたのです。

その後、教育大学に入学し、5週間の教育実習を経験しました。しかし、教育実習中の疲弊から他の職業も選択肢に取り入れ、就職関連の雑誌を読んでいた時、父が言いました。

「ずっと、目指してきたのだから、先生になったほうがいいと思うよ」

私の人生を常に肯定し続けていた父が、唯一苦言を呈した場面でした。この言葉が、どこか心に引っかかり、私は再び教職を志すことにしました。

公立小学校教諭となって14年経ちますが、今でも私を支えているのは「大切な人が私に向かって発してきた言葉」です。それは家族、友人や仲間、教え子や保護者、そして読者の皆様。私に関わるすべての大切な人の言葉です。

だから、私は「言葉の力」の偉大さを信じています。

今日も明日も明後日も、より良い言葉を求めて、子どもたちに届けていきたいと思います。

第2章

「やる気がない」子どもたちが前向きに動き出す言葉

1

面倒くさいが口癖の子がみるみる変わる言葉

ちょっと惜しい…

△

ほら、やりなさい！
大事なことを先にやっちゃいなさい。

←

もっと伝わる！

○

「面倒くさがり」は、「勉強のセンス」があるよ。

◎「面倒くさがり」な性格が学校生活に与える大きな影響

学校生活の中で、よく注意されたり困ったりしてしまう子に多く見られる特徴として「面倒くさがり」が挙げられます。

たとえば、「提出物の提出が遅れる」「整理整頓ができない」「持ち物の準備をしない」などがありますし、日常的な勉強への取り組みも消極的なため、成績も良くないことが多いです。

「面倒くさがり」という性格面だけで、学校生活にかなりのマイナス影響を受けている子が日本にはたくさんいるのではないでしょうか（しかも、家庭や習い事でも注意を受け続ける日々）。

「面倒くさがり」な性格を改善していくのは正直難しいです。そのような子たちに対しては「面倒くさがり」の性格はそのままにして、勉強の面でプラスに働きかける方法を模索しましょう。

◎「面倒くさい」の負のパワーをプラスに変換！

私は、「面倒くさがり」な性格を持ち、注意を受け続けてきた高学年の子どもに、次のような言葉で話しかけます。

教　師　「勉強とか掃除とか、面倒くさいな～って思うことある？」

子ども　「めっちゃあります！」

教　師　「そうだよね。先生も、そういう時期が長かったからわかるよ。でもね、『面倒くさがり』って実は『勉強ができるようになる』センスを持っている証拠なんだ。ジブリ映画の監督、宮崎駿さんも『大事なことは、だいたい面倒くさい』とインタビューで言っているんだ。だから、勉強に対して面倒だって感じていることは決して悪いことではないんだよ」

言葉かけ後の授業で、NHK for Schoolの「テキシコー」という番組の「ダンドリオン」のコーナーをぜひ見せてみてください。

「効率第一　ダンドリオン」のキャッチコピーで、「効率」の意味や「効率的に行動することの大切さ」を可愛らしいアニメーションとともに伝えてくれます。

◎事前に少し頭を使うだけで、あなたの人生は大きく変わる

私は、「面倒くさがり」な子に、「ダンドリオン」を見せた後に「ワークシート返却」の仕事をお願いしました。いつもはワークシート返却の手伝いを募っても滅多に応じない子でした。

教　師「効率第一　ダンドリオンを見てさ、頭の使い方はイメージできたでしょ？　じゃあさ、このワークシートをどうやって返却したら効率が良いと思う？」

子ども「たとえば、まずは席順に並び替えてから、返却すると効率が良いかもしれません」

教　師「さすがだね。素晴らしい！　じゃあ、今日と明日でそれぞれタイムを測って比べてみようか」

このように、子どもたちが、「面倒くさいと感じている」ことをミッション化し、面白がりながら言葉かけをするのがポイントになります。

立教大学客員教授で心理学者の内藤誼人さんの言葉を借りるなら、**「下準備に時間をかけて、本番に発生する余計な手間を減らし、成果を上げていく」考え方**を大切にすることが必要です（『面倒くさがりの自分がおもしろいほどやる気になる本』明日香出版社、２０２０年）。

また、前述の子とは、「漢字学習０分で１００点満点を取る作戦」として、授業中の漢字練習のみで漢字テストで満点を取る策略を立て、成功させました。その子が「家で一度も勉強しなくても満点が取れた！」とうれしそうに報告してきた目の輝きが今でも思い出されます。

生かし方が変われば強みに変わります。皆さんのクラスの「面倒くさがりな」あの子のやる気スイッチを押す言葉かけの切り口として使ってみてください。

やってみよう！

- **「面倒だと思うこと」が必ずしも悪いことではないと伝える**
- **効率的な工夫で成果を出せる言葉かけやミッションを活用する**

2

モヤモヤの解像度を上げると、雰囲気を乱す子が落ち着く！

ちょっと惜しい…

△

そんなことを言うのはやめなさい。

←

もっと伝わる！

○

あの言葉を発した時の気持ちは、どんな気持ちだったの？

◎教師や授業を小馬鹿にしたように感じる言動にどう対処するか

「意味わかんね～」「わかりませ～ん！」「はっ？」

教室に広がる大きな声で、学びの雰囲気を乱そうとする子への関わりは、どうしていますか。周りの子がその言動に反応し、クスクスと笑いが起こっているようなら、至急対策が必要です。

少し時間を置いてからでも構いません。その子が、なぜそのような言葉を発してしまったのか**「気持ち」を探るアプローチをしてください**。周囲の子に聞かれないよう「個別に」です。

教師「さっきね。『意味わかんね～』って大きい声で言っていたよね？　**あの言葉を発した時の気持ちは、どんな気持ちだったの？**」

子ども「なんか、わかんなかったから言っただけだよ」

教師「どの部分の意味がわからなかった？」

子ども「公約数の部分とか…」

教師「その部分の説明がよくわからなかったんだね。どんな気持ちだったのかな。きっとマイナスな気持ちだったよね。聞かせてくれる？」

子ども「嫌な気持ちです」

まずは、ここまで気持ちを話してくれたのであれば、十分でしょう（ここまで話してくれないのであれば、時間帯や日にちを改めて再度アプローチをかけます）。

次に、**周りにつられて笑っている子どもたちに対して話しかけます。** 直接コンタクトをとり、次のように協力のお願いをします。

教師「さっき、Aさんが『意味わかんね〜』って叫んだ時にさ、君たち笑っていたよね。あれはさ、先生はやめてほしいんだ。Aさんに話を聞いたらさ、算数の公約数がわからなくて困っているんだって。先生もさ、Aさんが算数にちょっとでも前向きになっていけるように頑張るから、君たちも力を貸してくれないかな。ほら、君たちは、算数得意でしょ。だから、マイナスな言葉を吐きたくなるAさんに力を貸してほしいのだけれども、助けてくれないかな」

このようにAさん個人に対してだけではなく、周りにいる子たちにも前向きな変化を引き出す言葉をかけたり協力を求めたりすることで、教室全体に学びに向かう風土が創られていきます。

◎周りが楽しそうに学んでいれば、巡り巡って、その子も学び始めることが多い

山口県の小学校教諭で、「策略ブラックシリーズ」（明治図書出版）の著者としても有名な中村健一先生は、組織論2・6・2の法則で当てはめれば、大勢の「6」の子にこそ、まず目を向けるべきで

あることを示唆しています。授業中、全く学習に興味を示さない「マイナスオーラ」を発する子が気になってしまいますが、6割を占める「プラスでもマイナスでもない子」たちへのアプローチが鍵を握っています。

小学校5年生の時点で、それまでの「教師の関わり」の積み重ねで勉強嫌いが蓄積されているところに、再び「教師の関わり」の一点突破のみで、プラスに変えていくのは、非常に難しいし、時間もかかります。しかし、**「プラスでもマイナスでもない子」が「ちょっとプラス」に変わっていくことは、日々の授業にたくさんのチャンスがある**のです（詳細は本書の第3章をご覧ください）。

学びに対して「マイナスオーラ」の子どもへの直接的アプローチだけではなく、その子の周りの「プラスでもマイナスでもないオーラ」の友人が、変化への可能性を秘めているのです。

やってみよう！

- **言動に表面的に対応はせず、その背景にある気持ちにアプローチする**
- **雰囲気を乱す張本人だけでなく、その周囲の子たちにも協力を求める**

3

学習が全く進まない子が一歩踏み出す、明確な指示出し

ちょっと惜しい…

△

何をしたらいいと思う？
自分で考えてみよう。

←

もっと伝わる！

○

今あなたに必要な学習は○○だよ。
やってみよう。また後で見に来るね。

◎具体的かつ明確な指示をすることも重要～始まりは指示的行動～

「子どもが考える」「学習計画を立てる」「自己選択・自己決定する」

これらの個別最適で多様な学びが広がるようなワードが浸透してきたことは、長期的視点から見て良い変化です。その一方で、**教師による「具体的な指示」が子どもの成長を支える有効な手立てであることも**、忘れてはいけません。

ケン・ブランチャード、パトリシア・ジガーミ、ドリア・ジガーミらは、相手の状況に応じて**「指示的行動」（何をするのか、どのような方法でするのか、どこで行うのか、いつするのかをはっきりと告げ、その行動を細かく監督すること）と「援助的行動」（努力に対して援助や支持や励ましを与え、問題解決や意思決定への参加を促すようにすること）**を使い分けることが効果的であると提唱しています（『新1分間リーダーシップ』ダイヤモンド社、2021年）。

力はまだ未熟であるが、「学びを通じてもっと成長したい」という気持ちが子どもの心に根ざしている状態を感じ取れる場合には、まずは「指示的行動」の割合を増やし、進捗も確認し、きめ細かく見守りましょう。

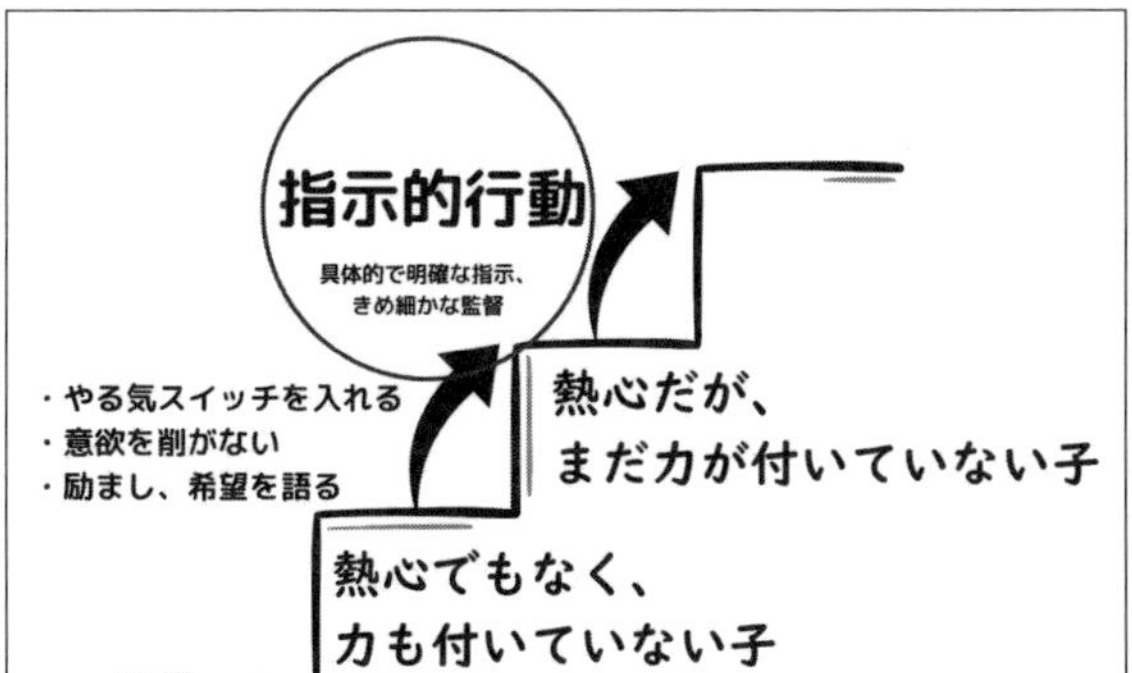

◎指示的行動の実例～社会科の歴史単元での具体的指示

社会科の学習において「重要語句」の理解が浅く、パフォーマンス課題への取り組みも作業的となり、単元テストでも伸び悩んでいたAさんに対して「指示的行動」で学びを支えた事例を紹介します。

▼Aさんの気持ち

社会科の勉強をできるようになり、単元テストの結果も伸ばしたい。

▼教師の観察結果

「重要語句」を書き写すのみで、理解するための学びが不足している。新聞づくりのパフォーマンス課題の取り組みを観察していても、書き写す作業が多く、「自分の言葉」として思考・表現ができていない。

▼「指示的行動」を中心に関わる

教師 「Aさんに必要なのは、『重要語句』をAさんの言葉で説明できる力だね。教科書に書いてある言葉の意味をわかっているかな。『豪族』を、Aさんの言葉で教科書を見ないで説明できるかい。『天皇』と『豪族』の関係性を図にできるかい？」

教師 「まず、ＮＨＫの動画を見ましょう。言葉の意味がわからない箇所があれば巻き戻してごらん。さらに、この歴史漫画の第3章も読んで、教科書も2回読んでごらん。いいかい。動画を見る、漫画本を読む、教科書を読む。その後で『豪族』を自分の言葉でノートに書いて、『天皇』との関係性を図にしてごらん。できたら、授業後に、先生に教えてね。Aさんなら、きっとできるよ」

◎成果が出てきたら、指示はしつつも、「援助的行動」の割合を増やしていく

▼その後のAさんの様子

重要語句の学び方や、社会科の見方・考え方が少しずつ身についてきている。単元テストの結果も右肩上がりで上がってきて、本人も少しずつ自信をつけてきている。

▼「援助的行動」の割合を少し増やした対話例

教　師　「『国風文化』が重要語句だね。これまでのどんな学び方が、Aさんにとって、良い結果につながっているかな？」

子ども　「動画で、全体イメージを掴んだ後に、教科書を見ると頭に入りやすいなと思いました」

教　師　「いいですね。では、今回も動画を通した学び方をやってみましょう。『理解できているか』をチェックする方法として『小テスト』を受けるのも効果的ですよ。デジタルドリルの平安時代の問題を開いてごらん。この問題に自信をもって解答することができれば、かなり理解に近づいている証拠です。もし良かったら単元途中で使ってみましょう」

やってみよう！

- 力がまだついていない子には「指示的行動」の言葉かけをする
- 成果が出始めたら、「援助的行動」の言葉かけを少しずつ増やしていく

4

やり方がわからない子も、どんどん行動を起こす仕掛け

ちょっと惜しい…

△

何回も何回もやってみよう。

←

もっと伝わる！

〇

じゃあ違うやり方でやってみようか。（選択肢を五つ示して）どのやり方がいい？

◎学ぶ希望も見えないし、見えても険しすぎて踏み出せない子への対応

多くの子が学習活動に取り組み始めているのに、なかなか動き出さない子、皆さんの教室にもいませんか。教師視点では「やる気がないのだろうか」と見えがちです。

しかし、彼らは「みんなと同じやり方でやっても成果が出ない」ことに気づいているのです。

子ども「勉強してもしなくてもテストの点数は変わらないもん」

と、正直に打ち明けてくれた子に、出会ったことがありました。心の奥底ではできるようになりたいと思っているのです。でも、いつの日か諦めをつけてしまったのだと思います。

人生も序盤の小学生段階で「学びへの諦め」を生んでしまう諸悪の根源の一つとして、「学びの選択肢が少ない」ことが考えられます。

たとえば、小学校の国語授業において、子どもたちの心理的負荷の大部分を占める漢字学習を例に考えてみます。現代も、最も推奨される覚え方の代表例は「書くことによる反復練習」です。それで覚えられる子はいいのですが、反復練習では覚えられない子も必ずいます。

また、反復練習をするとできるけれども、面倒くさくてやらない子もいます。過去に漢字50問テストに向けた勉強を家庭で3時間取り組み、90点超えの点数を取ったAさんは、もう二度と50問テストに向けた勉強はやりたくないとため息をついていました。**「3時間やっても90点だった」というネガティブ体験に変わってしまった**ようです。精神科医の吉川徹先生の言及する『『できる』と『できない』

の間に『できるけど疲れること』がたくさんある」を体感したのでしょう。

◎学びの選択肢はたくさんある

「学びへの諦め」を小学校段階で発動させないためには、**「学びの選択肢はたくさんある」と伝え続け、実際に経験してもらうことが重要です。**

では「漢字の書き取り反復練習」で成果が出ない子に、どのように関わっていますか？

教師「もっと頑張ってみようか。何回も何回もやってみよう」

この言葉かけが、主体的に学ぶ姿勢から遠ざかる場合もあると頭に入れておきましょう。そこで次のように、他の学びの選択肢を提供してみましょう。

▼漢字の書き取り反復練習で成果が伸び悩み、中だるみしているAさんとの対話例

教師「Aさんはすごいね。家庭学習ノートにこれだけ漢字学習をしている人は、なかなかいないよ。Aさんは、何点くらい取りたいなって思って勉強しているの？」

子ども「90点は最低、超えたいなって思っています」

教師「なるほどね。ここ最近は、90点を下回るのが続いちゃっているもんね。ノートに書く以外の勉強方法を試してみたことはある？」

子ども「いや、ないです。」

教師「じゃあ、違うやり方でやってみようか（次のような五つの選択肢を示す）」

①**ゲームミッション風勉強法** ＩＣＴ端末を使って、ドリルパークやあかねこデジタルドリルを活用し、ポイントやメダルを集めながら、ゲーム感覚で漢字学習に取り組む。

②**You Tuber風勉強法**↓自分よりも漢字が苦手な子に伝えるイメージで、間違いやすいポイントなどを解説しながら、ＩＣＴ端末を活用し、自分で動画を撮影したり編集したりする。

③**先生の真似勉強法**↓教室の黒板やホワイトボードを使いながら、友達に解説する。「ここに注意してください」と自分の言葉で話すことで、自ら気をつける気持ちを高めていく。

④**毎日漢字テスト勉強法**↓家庭学習の欄に、必ず漢字テストのコーナーを作る。１週間後の自分に向けてテスト問題を作っておき、問題を毎日解く。「未来の自分に漢字テストを作ってみよう」と語りかける。毎日小テストがあることで、漢字忘れを防ぐ。

⑤**漢字ミッション勉強法**↓ノートの真ん中に、該当漢字を大きく書く。その周りに「音読み、訓読み」「部首」「例文」「熟語」など自ら調べた内容を埋めていく（詳細は、You Tubeにて、「漢字mission」と検索してください。レウォンさんのチャンネルです）。

やってみよう！

●複数の学びの選択肢を示し、試す時間を設けよう
●子どもにとっての最適な学び方を一緒に探す伴走者となろう

5 違うことをしている子へは、あえて興味を示す

ちょっと惜しい…

△

ほら、ちゃんとやりなさい。

←

もっと伝わる！

○

それは、何をしているの？
（純粋な興味をもって聴く）

◎指導する布石としてではなく、純粋に「聴く」場を設ける

たとえば「社会科の授業中なのに、アニメサイトを調べている子」や「国語の授業が始まったのに消しゴムにマッキーペンで落書きしている子」がいる場合、どのような対応をしていますか。

ついつい、「こら、やめなさい」「ちゃんとやりなさい」と注意してしまいがちですが、**時には純粋に関心を寄せて「聴く」言葉かけをしてみてください。**

たとえば、7ページ分の教科書を音読するように指示をしたとします。最後の子が読み終わるまで、約3分程度の時間がかかると見積もります。

そこで先述した「消しゴムにマッキーペンで落書きを続ける子」に**「それは、何をしているの？」**と興味をもって聴いてみます。心の持ち方として重要なのは、注意するための布石の質問とならないことです。おそらく、大半の子どもは「ヤバいっ」と消しゴムを隠そうとするでしょう。そこで間髪入れずに注意をしたのでは、もったいないのです。

「消しゴムに書いているキャラクターは何？」と少し掘り下げてみましょう。子どもは注意されなかった安堵感もあり、自分の好きなキャラクターを紹介してくれます。

その後、「教えてくれてありがとう。Aさんも、音読活動ができるかい？」と軽く促すだけで、本来の活動に戻りやすくなります。

◎日にちを改めて、できた時を見逃さない

「純粋に聴く作戦」は、常日頃活用できるわけではありません。

選択肢1 やめるよう注意する

選択制2 純粋に聴いてみる

選択制3 他者に迷惑がかかっているわけではないので意図的に見過ごす

その子の雰囲気や特性、時間帯なども見極めながら、これら三つの選択肢からどんな言葉をかけるかが教師の腕の見せ所です。

三つの選択肢を駆使する日常を繰り返しているうちに「ターニングポイント」が必ず訪れるはずです。そこを見逃してはなりません。

どんな「ターニングポイント」かというと、「自分から学びに向かう瞬間」です。**普段は勉強に後ろ向きな子が、前向きに学び出した瞬間を見逃してはなりません**。例のマッキーペンで落書きをするAさんも、とある日、授業前にマッキーペンを片付けて、国語の教科書を出して、導入時から参加したことがありました。私はその瞬間を見逃さず、授業中に個別で声をかけました。

教師 **「Aさん、今日の勉強への向き合い方が、素晴らしいね」**

「先生ね、ずっと見ていたんだけど、授業前に自分からマッキーペンを片付けて、国語の教科書を出していたよね。めっちゃカッコいいなと思ったよ。どうして、できたの？」

子ども「いや、なんとなく。わかんない」

教　師「**もし、良かったら、Ａさんの頑張りを一筆箋に書いてもいいかな？　おうちの人にも伝えたいんだ」（Ａさんが許可した場合は、一筆箋を渡す）**

◎子どもに興味を持ち続ける

「子どもの興味関心を引き出す関わりが重要」であるとよく言われますよね。それに加えて、**私たち教師が「教え子自身に興味関心を持つ」ことも大切なことだと思っています。**

勉強に前向きではない子どもに興味関心を持ち、関わり続ける責務があります。子ども自身が「先生は、私に興味を持ってくれているんだな」と感じたら、次なる段階は**「先生は、私が成長することにも、興味を持ってくれているんだな」と思えるようなメッセージ**が伝わるとうれしいなと思い、日々言葉かけをしています。お互いに息苦しくならないバランス感覚の中で、運命的に出会えた子どもたちに興味と関心を向け続けましょう。

やってみよう！

- **注意され慣れている子どもに、純粋に興味を持って質問してみよう**
- **「あなたの成長に興味がある」ことを言葉で伝えよう**

6

教室を離れる子には、複数の選択肢を伝える

ちょっと惜しい…

△

教室には、いましょう。他の人の勉強の邪魔はやめましょう。

←

もっと伝わる！

○

たとえば、イライラした時は、端っこで本を読む作戦はどうかな？

◎教室を離れる子どもがいる場合の大前提

大前提として「教室を飛び出してしまう」段階の子どもに対して、学級担任一人で「何とかしなきゃ」と悩みを抱え込むのは絶対にやめましょう。教室を離れてしまう背景には、もちろん教師との関係性もありますが、その他にも原因は多岐にわたり、すべてが学級担任の責任ではないのです。私が過去に最も苦しかったのは、教室を離れようとする子どもに「自分一人で何とかしようとしていた」時期でした。読者の皆様が同じ過ちを犯さないよう願っています。

◎教室を離れる原因は大きく分けて二つ

「教室を離れる要因」は実に多様です。「教室には居たくない原因がある」ことだけは推測できますよね。私が経験してきた事例は主に**「学力不振（在籍学年の学力に全く到達していない）」**と**「友人関係の不構築」**の2点に集約されます。その両方を合わせている場合も往々にしてあります。

学力不振かつ友人関係もうまくいっていないAさんとの言葉のやり取りを例に考えます。まずは、本書でもここまで一貫してお伝えしている通り「対話」「聴く」が基本的なアプローチになります。

しかし、「対話」するタイミングが非常に重要で、**「授業時間中」にじっくり話を聴くのは、基本的には避けたいところです。**なぜなら、Aさんは、国語や算数、社会などの俗にいう「普通の勉強時間」が潰れることを内心望んでいるからです。心を乱したり退屈だったりするからといって、教室を離れることで、学級担任は注目してくれるし、話も聴いてくれる。そうなると、「避けたい経験」とはならずに「悪くない思い出」として刻まれてしまう危険すらあります。

教室を出るタイミングではなく、朝読書の時間や給食を早く食べ終わった後の時間などに、10分程度は落ち着いて対話できる時間を確保できるように探りましょう（私は教室で一緒に給食を食べながら対話していました）。

◎教師の想いを伝え続け、時には「見逃す」ことも大切

給食時間などの、本人も落ち着いて話せるタイミングで、いろいろな細かな情報を共有しておきましょう。**Aさんに理解を示しつつ、担任として譲れない条件面も事前に伝えておかなければなりません。**

▼Aさんに理解を示す言葉かけ

教師「勉強がわからなくて、教室にいるのがつらいんだね。教えてくれてありがとう。これまでよく頑張っていたね」

▼条件の緩和を促す言葉かけ

教師「授業の勉強がわからなかったら、前学年の勉強をタブレットでするのはどうかな？　動画教材で、一つずつ学んでいくのもいいと思うけど、どうだろう？」

教師「イライラした時は、端っこで本を読むって作戦はどうかな？」

▼譲れないポイントを示す言葉かけ

教師「授業の勉強がわからないという気持ちはよくわかったよ。でも教室から何も言わずに出ていくことを、先生たちが見逃すことはできないんだ。そこは守ってくれるかな？」

ここから先のやり取りは、Aさんと「三歩進んで二歩下がる日々」を繰り返す根気強さが必要です。結局、Aさんとは、私が担任している間は、イライラした時（そもそもイライラしない環境設計は模索し続ける）、どうしても勉強したくない時（1日1回まで）は、教室の端っこで読書をするという条件面で折り合いをつけました。しかし、本を読みながらも、授業の内容を聴いていたり、時に自分から学びに戻ってきたりと、教室の中で落ち着いて過ごすことを大切にしました。

やってみよう！

- 教室を離れる段階の子どもにはチームで対応する体制をつくろう
- 落ち着いて話せる時間に、感情が乱れそうな時の対応策を話し合う

7

「私語」を繰り返す子が自らの学びに向かう言葉

ちょっと惜しい…

△

友達の勉強の邪魔になるから、やめなさい。

←

もっと伝わる！

○

あなたの学び、つまり成長が止まっていることが心配なんだ。

◎授業中に繰り返される「私語」への対応

授業中の子どもたちの「私語」について、どのように対応していますか？

特に、自由進度学習のような学習者主体の授業形態では、一斉授業型よりもはるかに私語のハードルが低くなります。教師が見ている時だけ「やっているフリ」をして、教師が離れたら私語をすることも容易なわけです。表面的な対応だけでなく、内面に訴えかける言葉かけが効果的です。

◎前提として「私語は良くない」と伝える～他者の学びを妨げない～

授業中の私語は、「原則良くない」という一貫したメッセージを発し続けることが大事です。ここは、1年間を通して譲らずに語り続けましょう。初期段階であれば、厳しい言い方ではなく穏やかに伝えても十分効果があります。

たとえば、授業中に一切勉強とは関係ないAさんの話し声が聞こえてきた事例を紹介します。

▼教師の言葉かけ事例

教師　（Aさんの目の前に行き、目を見て、小さな声で）「ごめんね。他の子にも、授業に関係のない話が聞こえちゃっているんだよね。その話の続きは休み時間でもいいかい？」（その後、遠くから見守る）

▼その授業時間内、Aさんが私語をせずに学び続けた場合のさらなる言葉かけ

教師「後半の時間帯、Aさんの学びに向かう姿は集中していて、とても素敵だったよ」

◎毎日注意しても変わらない時も、忍耐強く注意し続ける

毎日、同じことを注意しているとイライラする気持ちが湧いてきます。

教師「昨日も同じことで注意したよね！　何度言ったらわかるのかな」

と、言いたくなる気持ちは、とても理解できますし、私にもそんな日があります。でも、最近は**注意すれば素直にやめてくれる信頼関係が構築できているのであれば、毎日注意し続けるのもありなのかもしれない**と感じています。成長段階である子どもたちは、寝て起き、新しい1日が始まれば、同じ行動を繰り返すことも多いのです。私語ができないようにと、机を離し、講義形式にして、そもそも話せない仕組みとするのも、解決策の方向性としては時代的にいまひとつだと思います。

▼注意しても変わらない言動への心構え

・「他の子どもたちの学びを妨げないこと」を基本にしつつも、**「あなた自身の学びが止まり、成長ができていないことが心配」**だというメッセージを伝えていく

・私語がなかった授業を、成長の一歩と捉え、子どもに実感できるよう言葉にしてほめたたえる

・最終的には、「私語をしない」ことで集中して学びに向かった結果、得られた成果を本人が実感できるように支援し、それが学びの楽しさや充実感につながることを目指す

◎「教師の心配事」を共有し、チャレンジさせる

自由進度学習中の「私語」が心配で、子どもに任せることを躊躇される先生も多いことと思います。あえて、その「心配事」を正直に子どもたちに打ち明け挑戦心に火をつけましょう。

▼教室と、近くの図書館の2拠点制の自由進度学習を構想している場合

教師　「国語で資料を調べるために、図書館も使いたいという声が複数人からあがっているんだよね。でも、先生、ちょっと心配なことがあって、図書館も使うってことはね、先生の目から離れる時間がある人がいるわけだよね。先生は、どんなことを心配していると思う？」

子ども　「授業に関係ない話をしたり、遊んじゃったりしないかが心配なのかな？」

教師　「その通りなんだよね。でも、図書館でしっかり勉強ができるなら使ってみようか。まずは今から15分間、図書館も使ってもいいよ。先生が見ていなくたって勉強ができるかどうかチャレンジしてみよう」（達成できた場合、大いにほめたたえ、20分、25分と少しずつ増やしていきます）

やってみよう！

- 「私語は控えよう」と伝え続け、他者の学びを尊重する心を大切にする
- 「あなたの学びが止まっていることが心配」と学びに対する意識を高める

8

失敗して落ち込む子が、すぐ立ち直る背中の押し方

ちょっと惜しい…

△

気にしないで大丈夫だよ。
また次、頑張ろうね。

←

もっと伝わる！

○

ナイスチャレンジだったね。
失敗だとわかったのなら、それは成功だよね。

◎失敗の捉え方と非認知能力の関係

「失敗を過度に恐れる子、落ち込む子」への言葉かけも非常に重要な教育的要素を秘めています。「粘り強く」「自己調整を繰り返し」学ぶためには、**失敗への考え方**が重要です。

昨今、「非認知能力」が注目されています。学校授業の中でも、どのように育まれていくか議論され続けるでしょう。ＯＥＣＤ（２０１５年）では、学力やＩＱを意味する認知能力と対比される非認知能力を「社会的情動的スキル」と定義し、次のように分類しています。

▼目標の達成

・忍耐力　・自己抑制　・目標への情熱

▼他者との協働

・社交性　・敬意　・思いやり

▼情動の制御

・自尊心　・楽観性　・自信

私が教室で出会った子を見ていると、失敗を過度に恐れて、物事に挑戦できない子の課題は「情動の制御」だと感じます。大阪府教育委員会の非認知能力（社会情動的スキル）を育むリーフレット『乳幼児期に育みたい！　未来に向かう力』では、「情動の制御」を**「気持ちをコントロールする力」**と表わしています。気持ちをコントロールするために「自尊心」「楽観性」「自信」が必要なのです。どうしたら、学校の授業で失敗を乗り越え、自ら学びに挑み続ける子に育つでしょうか。言葉かけの観点から、考えていきましょう。

◎マイナスの気持ちを分解する言葉かけを心がける

学習中には、うまくいかないことも、たくさん起こります。失敗して落ち込み過ぎる子は、「自尊心」「楽観性」「自信」を持っていないことから「気持ちのコントロール力」が弱く、挑戦しなかったり自分の難易度と合っていない簡単な課題に取り組んだりする傾向があります。

そのような子どもたちの背中を押す関わりとなりそうなのが、**「マイナスの気持ちを分解」する言葉かけ**をすることです。

▼55点の算数テストが返却されて、落ち込むAさんとの対話例

子ども「うわっ、最悪だ…もう人生が終わった」
教師「えっ、どうして？　人生、終わっていないよ。何が最悪だと思ったの？」
子ども「昨日、あんなに勉強したのに55点しか取れなかったから、ショックです」
教師「そっか。勉強したのに結果が出なかったからショックだったんだね。他に何か理由はある？」
子ども「お母さんに怒られるのも最悪です」
教師「そうなんだね。昨日のテスト勉強に向けたノートを見せてくれる？」

▼ここでAさんの家庭学習ノートを確認し、勉強方法の振り返りを行う

教師「次の算数テストでは、また違った勉強方法を試してみようか。**今回はナイスチャレンジだったね。この勉強法ではうまくいかないとわかったのなら、それも一つの成功だよ**」

教師「次の算数のテストに向けての新たな挑戦が楽しみだね。あと、お母さんには、先生からAさんがいろいろな勉強方法で頑張っている途中だと伝えたいんだけど、一筆箋でそれを書いてもいいかな？」

「失敗」と書いて「せいちょう」と読む。大切なのは、失敗を次につなげることなのだ。

これはプロ野球の監督として、チームを三度の日本一に導いた野村克也さんの名言です。

小学生の子どもたちに向けても、「失敗」に対してネガティブになり過ぎない日常の言葉かけは、とても重要です。失敗で落ち込む要因を見極め、また一歩前に学び始めることができるよう支えましょう。「失敗＝成長のプロセス」という視点で、背中を押すことができます。

やってみよう！

- **気持ちをコントロールする力を高める言葉かけを心がける**
- **「マイナスの気持ち」を分解し、悩みへの行動プランを明確にする**

Column 2

家庭での勉強時間が0分だった子が、2時間勉強するようになった話

家庭では、勉強を全くしなかった子に突然スイッチが入り、2時間以上勉強するようになったことがあります。私はこのような劇的な変化をした子どもたちを30人以上は見てきました。

彼らの変化の共通点を少し思い出してみました。

まず、彼らは「強制される勉強」に飽き飽きとしていました。教師から課題を出せば、簡単にできるものは片付け、難しいものは諦める。教師が強制力を発動させれば、しぶしぶやるという姿勢です。

しかし、ある日突然「学ぶスイッチ」が入ることがあります。その原動力になっているのは、多くの場合、人との関わりです。

Aさんは、家庭学習ノート交流会で学級の仲間から「すごいね。こんなに勉強したの？」とほめられるのがうれしくて勉強時間が増えました。

Bさんは、友達から「算数の勉強を教えてくれる？」と頼られたことが喜びとなり、勉強に励み続けました。

テストの点数は、あくまで一時的なモチベーションに過ぎません。

彼らを本当の意味で、主体的な学び手に突き動かしたのは、大切な誰かの言葉だったのです。

第3章

「言われたから仕方なくやる」子どもたちが自主的に学び出す言葉

1

すぐ遊び出す子が、授業に身を乗り出すようになる一言！

ちょっと惜しい…

△

遊びは後にして、今は勉強に集中しましょう。

←

もっと伝わる！

○

先生が授業中に話す「記録」を取ってくれないかな。

◎まずは「遊び出す」可能性が低くなる環境をつくろう

授業中、集中が途切れる子どもの周囲には、「遊び出す原因」が多く存在します。たとえば、机の中にハサミと使用済みのプリントが入っていれば、いつの間にか、プリントを切り刻み始めているかもしれません。ＩＣＴ端末にゲームアプリの履歴が残っている場合、隙を見てゲームを始めることもあります。

まずは、次のような言葉を学級で子どもたちに語りかけ、整った環境の大切さを伝えます。

教師　**「勉強ができる人は、遊び出さないような環境を整えるのが上手なんだ。片付ける場所が決まっていて、物も少ないよね。端末内もフォルダ分けがされていて、どこに何があるかすぐにわかるようになっているよ」**

整った環境をつくることで、集中力を保ちやすくなります。週に一度、５分間の「整理整頓タイム」を設けるのも非常に効果的です。私は、金曜日の帰り支度の時間に整理整頓タイムを設けています。「月曜日に整った机の中や棚だと、気持ち良くスタートできるよね」と声をかけながら実施します。

ちなみに、家庭科の教科書によると、整理と整頓は次のように定義されています。

整理…必要でない物を取り除いて整えること

整頓…物を使いやすい場所に置くこと

まずは「整理の方法」を繰り返し指導しましょう。YouTubeなどでも多くの「整理整頓法」の動画がアップされているので、いろいろな投稿者の動画を参考に、子どもたちに実践してもらいます。

◎黙って聴き続けることの難しさ

　どんなに環境を整えても、遊び出してしまう子どもがいるのは自然なことです。8時から15時まで勉強しているわけですから、それも当然のこととして捉えましょう。手遊びをしたり椅子をガタガタさせたりと「暇」である状況も原因しているように感じます。また**黙って、話し手の目を見て、いつまで続くかわからない話を聞くのが難しい子がいます**。そんな私も、同じような感覚が子どもの頃からあったので、とても気持ちがわかるのです。

「人の話は目を見て、頷きながら、聞こう」

　このような指導は、効果のある指導だと思います。しかし、いかなる場面でも「求められる行為」となってしまっては苦しいのです。偏りすぎないことが大切です。

◎人の役に立てる「行動」に変換できる「役割」を与える

　応用行動分析学（ABA）における「行動の機能」には四つの主要な種類があります。**注目**（周囲の注目を引くため）、**逃避**（困難や課題かや不快な状況から逃れるため）、**要求**（欲しい物や活動があるため）、そして**自己刺激（自らの感覚や刺激を求めて行う行動）**です。授業において、自己刺激の具体的行動として、次のような行動が行われます。

▼自己刺激の行動例

・机をトントンと指で叩く　・消しゴムやペンをいじり続ける　・貧乏ゆすりをする

・教科書やノートに落書きをする　・ICT端末の設定を変える　など

教師の視点で見れば「授業に参加をしていない」「説明を聞いていない」と見えますが、これらの自己刺激型の行動は、子ども自身が感覚を楽しむために行っている場合が多いのです。自己刺激の行動例が見られる子どもには、「人の役に立つ代替活動」を提案する言葉をかけます。

教師　**「先生が今から説明する話の記録を取ってくれる？　それをクラスルームにアップしてもらってもいい？　そしたら聞き逃した人もわかるし、休んでいる人のためにもなるよね。お願いできる？」**

「記録」の他にも、「人の役に立てる行動」はたくさんあります。「板書の補助をする」「挙手の人数を数える」「データの可視化」「グラフ化」「図解」「拍手をする」「授業に関連するリンクを探す」など、皆さんの学級での「役に立てる代替行動」をともに探してみてください。

やってみよう！

- **整理整頓の価値を学級で共有し、取り組む時間を定期的に設ける**
- **自己刺激の行動で注意されがちな子には、活躍できる場を創る**

2

指示待ちの子がぐんぐん自主的になる言葉

ちょっと惜しい…

△

まずは、やってみましょう。

←

もっと伝わる！

○

あなたは、どうしたら成長できると考えているの？

◎行動を選択した理由が「周りも、そうしているから」

「過度に大人の指示を待つ子」が生まれる要因は、それまでの大人の関わり方が影響しています。**「周囲と同じ行動をとる」ことが暗に推奨にされてきた学級文化が根づいていると、指示を受けて動くことに慣れてしまうのです。**性格的に周りの行動を気にし過ぎるタイプの子たちに「まずは、やってみましょう」と背中を押す言葉かけをしても、結局「周りの子は何をしているのかな？　じゃあ、私もそれをやってみよう」と周囲と同じ行動を選択する傾向が見られます。

「指示待ちの子」が自主的に学びに向かっていくために、**「あなたは、どう考えているのか？」を問いかける言葉かけと「違った行動を選択できる授業の在り方」**が必要だと考えています。

◎安心と問いかけを組み合わせた関わり

指示通りに動ける子どもが、次の段階として、「自分で考えたり、自主的に動いたりする姿」を身につけるためには、安心感を与えつつ問いかけを行う「サンドイッチ型」の言葉かけが有効です。

▼国語科の学習計画を立てている場面で、Aさんが単元の振り返りを見直している時

教　師　「Aさんは、今日は、どんな学習活動を考えているの？」

子ども　「とりあえず、下書きはできたのですが、どうしようか迷っています」

教　師　「下書きがすでに完成したんだね！　さすがAさんだね。文章構成も、Aさんの考えがよく

表われていて素晴らしいよ」（安心の言葉かけ）

教師「**じゃあ、どうしたら今の文章が、もっと伝わる文章になると考えている？**」（問いかける）

子ども「事例を増やしたら、説得力が上がるかもしれません」

教師「**それをやってみようか。自分で考えて決めたことが素晴らしいね**」（安心の言葉かけ）

このように、学習活動に入る前の「計画段階」で個別に言葉かけをするのがポイントです。Aさんは、友達と一緒になってしまうと、友達の影響を受けた「学習活動」を決定する傾向が続いていたので、このように関わりました。

◎周りと違う行動が選択できる授業

周りと違った行動を自ら始める子は、ほとんどいません。せいぜいクラスに1人か2人程度です。**「周りと違う行動が、選択できる授業」を構成していくことも、「自分で考えて行動する力」を育むために必要です。**

たとえば、下の図のように国語科の書く単元の「推敲」「共有」の箇所を同時に取り上げる授業構成はどうでしょうか。

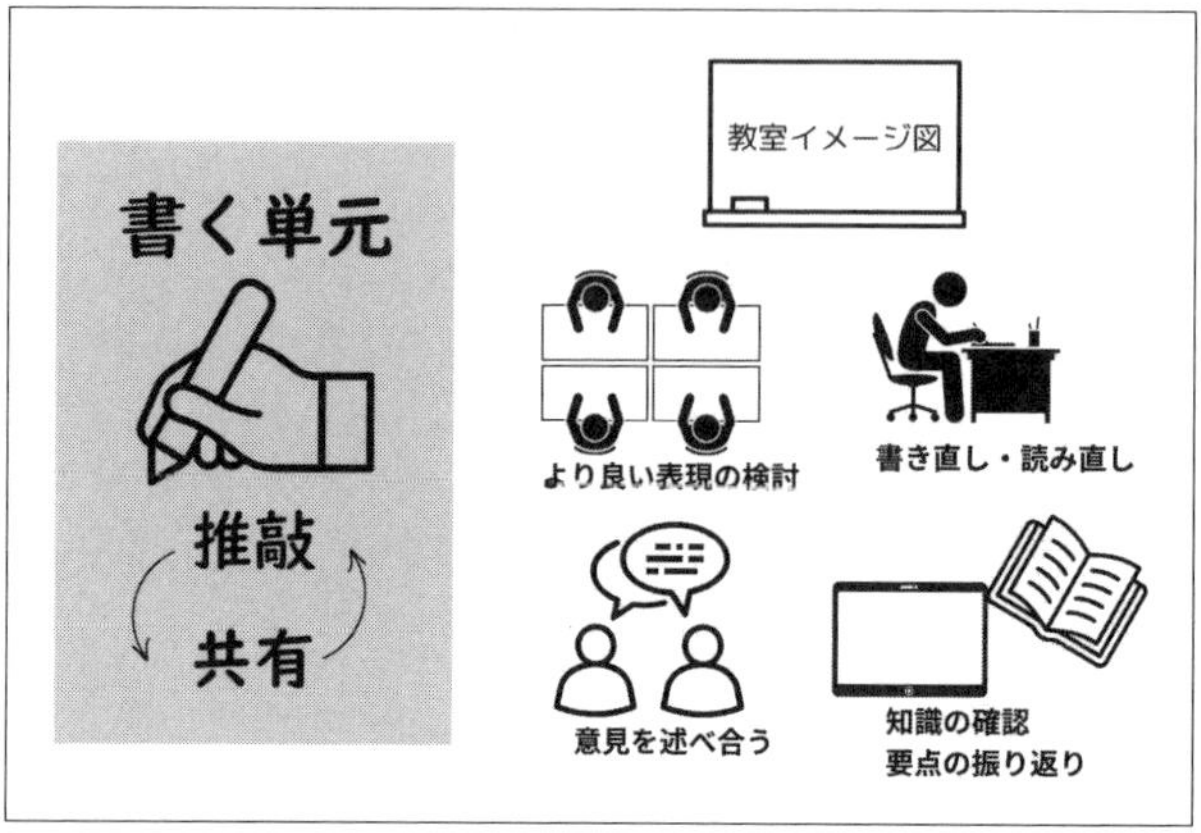

指導書通りに授業構成をすれば、

・よりよい表現に書き直せそうな箇所を見つけましょう
・書いたものを読み合い、意見を述べ合いましょう

といった全員一律の目標と学習内容が決まってしまうため、周りと違う行動を選択できる雰囲気にはなりません。

一方で、「推敲」と「共有」のように二つ以上の学習活動を同時に提示し、進行することによって、「自ら考えた学習活動」を、周囲の目を気にせず、集中して取り組むことができるのです。

学級全体が異なる学習活動に取り組むことに不安を感じる方もいるかもしれません。しかし、「取り組んでいる学習活動」は違ったとしても「力を伸ばそうと成長している学習活動」と見れば、同じ目的に向かった学びともいえます。安心して授業に臨みましょう。

やってみよう！

- **指示待ちの子には、問いかけで自分の学習活動についての考えを引き出す**
- **複数の目標を提示し、周囲と異なる学習活動を選択できる授業にする**

3

勉強嫌いな子の「学ぶって楽しい！」を引き出す言葉

ちょっと惜しい…

△

テストの点数は何点でしたか？

←

もっと伝わる！

○

テスト勉強を通して、どんな力が身についたかな？ あなたの未来にどう活かしていけるかな？

◎勉強するとは「自分の人生」を変えていくこと

慶應義塾大学の今井むつみ教授は、『学力喪失』（岩波新書、２０２４年）の終章で、次のように述べています。

「教育のほんとうの効果は、その教育を受けた子どもが10年先、20年先にどのような人間になっているかで評価するべきだ。そして、評価の観点でもっとも重要なのは、どういう知識をもっているかということよりも、自走した学び手に育ち、やりがいをもって充実した生活を送っているかどうかだ」

今井先生の本書の言葉から、**義務教育段階の「テストの点数」で苦しんでいる子どもたちが脳裏に浮かびました**。「テストの点数」は、勉強のあくまで一部分に過ぎません。テストに向けた勉強を頑張ることが尊いし、その過程で得られる「学ぶ力」こそ尊いのです。学校で「自立した学び手の芽」を育てることができれば、10年先20年先、自らの人生を前進させる行動を起こし、人生を豊かに彩る花を咲かせるでしょう。私たち教師が教育現場から「テストで何点取れたか」ではなく、「その勉強で何を学び、どう成長したのか」、言葉をかけることで、子どもたちはより前向きな気持ちで学びに向かうことができるのです。

◎先輩たちが語る「勉強するとは？」

特に、現代の子どもたちには、「どうして勉強するのか？」「勉強するとどんな良いことがあるのか？」を伝えたり問いかけたりしたほうが良いと考えます。学級担任や保護者の声はもちろん、子どもたちも知っている有名人の言葉も授業や学級通信などで紹介してみてください。

「主体性をもった子どもたちの育成」を目標に掲げる学校にて、飛び込み授業(その日に初対面の子どもたちと行う授業)を6年生の子どもたちと行ったことがあります。「勉強とは？」「なぜ勉強するのか」という問いに関して考えた授業の一部を紹介します。

教　師「皆さんは、勉強が好きですか？　嫌いですか？　その理由を具体的に教えてください」

子ども「嫌いです。書くのも考えるのも面倒くさいからです」

子ども「嫌いです。宿題をやるより、ゲームをしたり遊んだりする方が好きだからです」

全員の意見を聞き、共有します。9割が嫌い、1割が好きという割合でした

教　師「皆さんは、勉強を大切だと考えていますか？　そうは思いませんか」

子ども「大切だと思います。将来社会に出るために、必要だと思うからです」

子ども「大切。大人になった時に使うし、今頑張っておかないと困るからです」

全員の意見を聞き、共有します。こちらはほぼ全員が「大切」と回答しました。

教　師「初めましての先生に正直に教えてくれてありがとう。じゃあこのクラスはいろいろな人がいるけれども『勉強は嫌いだけど、大切だとは思っている。』という人が多そうだね。じゃあ、

今日はね、君たち以外の人が『勉強』についてどんなふうに考えているか？　を紹介したいと思います」

ここで50人以上の人の「勉強に対する言葉」を紹介しました

（例）私の過去の教え子の卒業文集からの言葉、現在担任する1年生の子どもたちの言葉、書籍からの言葉（『冒険の書』『独学大全』『勉強が面白くなる瞬間』等からの言葉）、YouTubeからの声（『勉強する意味ってなんですか？　第一線で活躍するあの人たちに聞いてきた！』等からの言葉）

限られた時間の中で、より多くの言葉をインプットするよう心がけた授業構成としました。

※飛び込み授業で使用したスライドの一部を本書の購入者特典として配付しています。興味ある方は巻末部のＱＲコードから、私に直接連絡をください。

◎人生の先輩の言葉を学級通信で紹介し、「あなたはどう思うか？」交流しよう

言葉を紹介するだけなら、学校以外でもできます。しかし、学校でしかできないことがあります。それは**「言葉を受けて、学級で話し合うこと」**です。これは学校の場でしかできない価値ある活動です。ぜひ、前述のように、多くの人の「勉強するとは？」に対する考えを共有し、学級内で「あなたはどう思う？」と問いかけ、意見を交換させてみましょう。

やってみよう！

- **勉強のほんの一部である「テストの点数」で、勉強嫌いを生ませない**
- **「なぜ勉強するのか？」を考え、お互いの意見を出し合う**

4 短期的快楽を求める子も、長期的な視点を持てるようになる語り

ちょっと惜しい…

△

今は、それをやる時間じゃないよ。

←

もっと伝わる！

○

今積み重ねておくと、未来がワクワクする行動は何かな？

◎脱「テストの点数」依存

本書では繰り返し、しつこいほどに述べていますが、自由進度学習のように学習者主体の授業を志す先生は、**「テストの点数」を過剰に評価することをやめていくべき**です。なぜなら子どもの学習観を狭めてしまう可能性があるからです。

教師　「明日は漢字50問テストだぞ！　何点取れるかな？　しっかり努力して勉強しよう！　やったらやった分、点数が取れるし、勉強ができるようになるよ」

このように、過剰に「テスト勉強をする」「努力家」＝「勉強ができる」を想起させるような発言を繰り返すことも、学級全体の子どもたちの「未来への影響」の総和はマイナスだと考えます。

教師　「漢字50問テストの満点は6人います。90点以上が10人います」

こちらの発言も、特定の子どもたちを称賛する一方で、そうでない子を置き去りにする結果を生む可能性があります。

一切取り上げてはダメだと言っているわけではありません。あくまでもバランス感覚の問題です。**「漢字テストの書き取り問題」が学級内で優れていた子を評価し、ほめたたえても良いと思います。しかし、同じくらい「読書に親しんでいる子」もほめたたえられるべきだと思うのです。「比喩や反復の表現の工夫に気づいている子」も学級通信で賞賛されるべきでしょう。**

良い場合も悪い場合も、「テストの点数」に対して、学校で一番身近な大人である先生が、過剰に反応するべきではありません。あくまでも「一側面である」という考えを持ちましょう。

「テストの点数で良い点数を取らなきゃ」というプレッシャーから解放されると、子どもたちは自ずと短期的快楽（行き過ぎた息抜き）（学びからの明らかな逸脱）に時間を使うことが徐々に少なくなってきます。

◎長期的視点を育てる言葉かけ

自己管理の力も求められる自由進度学習において、短期的快楽に流された行動がなくなることはありません。仮にそのような行動が授業中に度重なり見られた場合は、未来を見据える視点を育てるための言葉かけを心がけます。

教師 「ちょっといい。今、自分のために時間を使えていると思う？　**今積み重ねておくと、未来がワクワクする行動って何かな？**」

この言葉かけで、子ども自身が長期的な視点で勉強する意味を考えるきっかけを創り出すことができるのです。「テストの点数で90点以上を取る」の1点突破では、モチベーションの源泉としてはあまりにも弱過ぎるのです。まずは、テストの点数に対する過剰な反応や評価を抑え、多様な視点から子どもの学びを認めていきましょう。知識・技能の側面からの評価だけでなく、思考力・判断力・表現力の観点からの評価、さらには学びに向かう力や人間性の成長にも目を向け、それぞれの良さの積極的な言語化を心がけたいものです。教師が価値づける方向性によって、子どもは希望を見出し、それをきっかけに行動を起こします。

◎勉強を嫌いにさせない教師の関わりの価値

確かに「今」できることにも価値があるかもしれない。しかし、**学習意欲が損なわれず、自立した学び手になっていくことにも大きな価値があるのです**。たとえば逆上がりを練習するという事例でいえば「生涯、運動に親しむ気持ち」にも価値があるのです。短期的な「逆上がりの達成」と引き換えに、長期的な「運動を楽しむ心」が失われたのであれば、教育的な関わりとしては、果たしてどうだったのだろうかと考えてしまいます。

大人側も子どもの成長に対して「短期的快楽」に溺れないようにしたいものです。

やってみよう！

- **「テストの点数」に過剰に反応せず、多面的な視点で子どもを認める**
- **長期的な価値を意識し、未来につながる行動を促す言葉かけを心がける**

5

「教師の合格」ではなく、自分の成長に目を向けるための言葉

ちょっと惜しい…

△

よくできましたね。合格です。

←

もっと伝わる！

○

今日はどんな力がつきましたか？
つけた力はどう役立ちそうですか？

◎目の前の子どもたちの今と未来を考えることから始まる

２０２４年度、私は、北は北海道、南は高知県まで全国13の自治体や学習会で「自由進度学習」に関する講演を行いました。有り難いことに拙著『超具体！　自由進度学習はじめの1歩』（東洋館出版社、２０２３年）を読み、実際に話を聞きたいということで企画してくださいました。

講演で必ずお伝えしているのが次の三つの問いです。

1「何のために自由進度学習を取り入れたいのか？」
2「どんな子どもたちを育てようと考えているのか？」
3「どんな力が身についてほしいのか？」

これらの問いを持ち続けていきましょうと伝えています。

文部科学省の示す学習指導要領の方向性は次の3本柱で整理されます。

- **何を学ぶか（コンテンツ）**
- **何ができるようになるか（コンピテンシー）**
- **どのように学ぶか（ラーニングプロセス）**

特に「どのように学ぶか（ラーニングプロセス）」の視点では、主体的・対話的で深い学び（アクティブラーニング）を重視することが示され

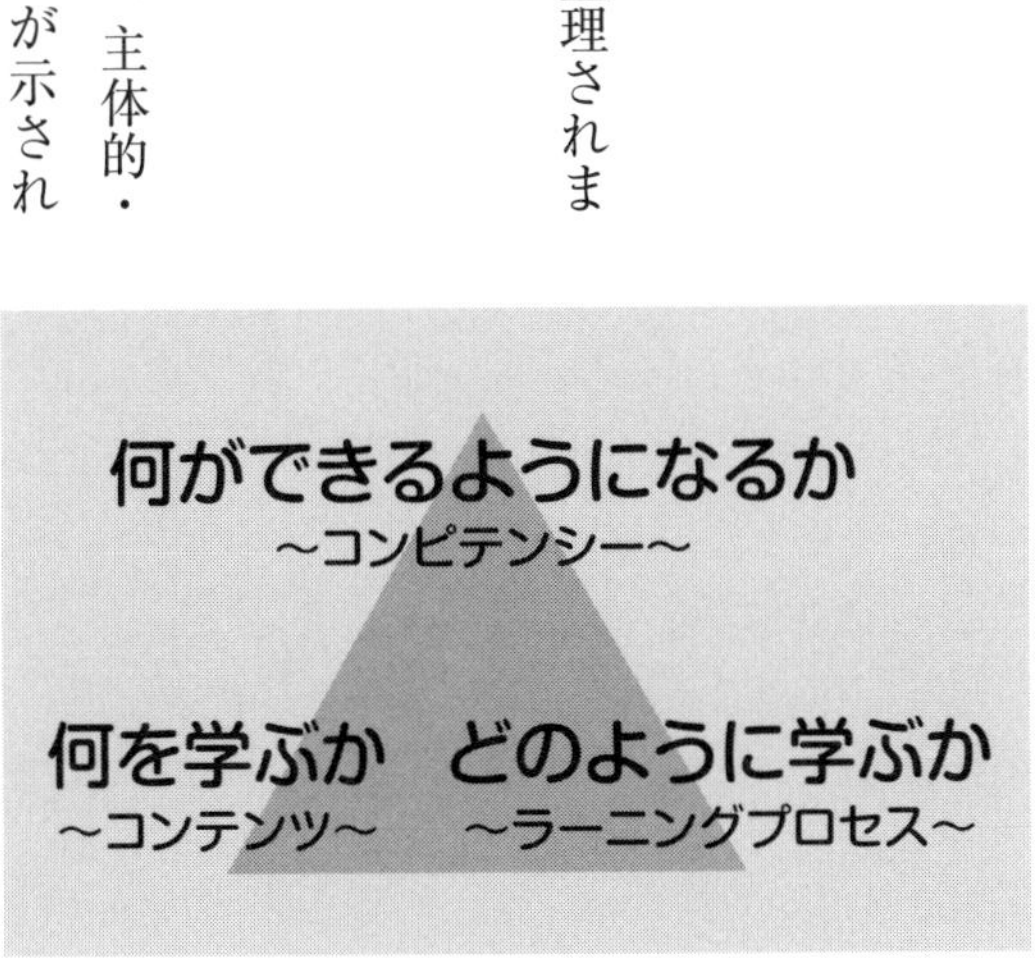

ています。しかし、そのために形式的に自由進度学習を取り入れるだけでは、主体的な要素も、対話的な要素も生まれることはありません。

◎なぜ主体的にならない自由進度学習が生まれてしまうのか

学習者が、興味関心や能力・特性などに応じて、自ら教材・方法・ペースなどを選択できる学習環境を設計しやすい自由進度学習では、主体的に学ぶ可能性は高まるはずだと考えています。それにも関わらず、先生方の悩みとして、**主体性の高まりを感じられないという声も届いています。まず見直していただきたいのは、学習活動が「管理タスク化」「TODOリスト化」されていないかという点**です。

子どもたちが学習活動の「見通し」が持てるのは、主体的な学びを生み出すうえで大切なことです。ただ「これをやりなさい」という指示的な側面が強調されると「学びの作業化」の考えが浸透してしまい、**子どもたちは「課題を終わらせること」を最上位目標に掲げてしまいます。**

精神科医の岩波明氏は、発達障害が急速に注目される背景として、会社での「仕事の管理化」を挙げています。仕事の管理化が進み、指示通りに仕事ができない人がどうしても目立ってしまうことを危惧しています（日経Gooday Web記事「発達障害は病気ではなく「脳の個性」活すべきものではない」）。学校でも、同じことが言えるのではないでしょうか。

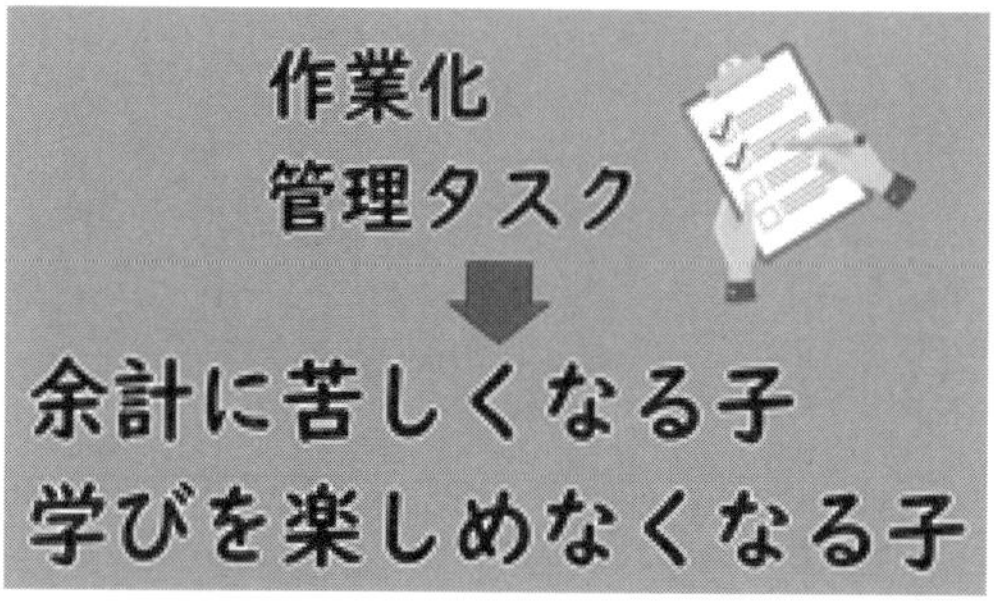

子どもたちが主体的に学びに向かうためには、形成的評価（単元の指導過程において、学習達成度を評価すること）を生かした言葉かけが鍵を握ります。

教師「三つの学習活動が達成できましたね。よくできましたね。合格です」

このような言葉では、「何を学んだか」（コンテンツ）に留まり、子どもたちは「できたか？」「教師の合格がもらえたか？」を気にするようになります。その結果、「ヤバい終わらない」「早く終わらせなきゃ」といった受け身の考えが、自由進度学習を取り入れたのにも関わらず生まれてしまうことになるのです。「どれだけ進んだか？」だけではなく、成長を実感させる言葉かけを意識しましょう。

教師「三つの学習活動が達成できましたね。今日は、どんな力がつきましたか？　つけた力はどう役立ちそうですか？」

「何ができるようになったか」（コンピテンシー）ベースの言葉かけを心がけ、「どのように学んだのか？今後学んでいくのか？」（ラーニングプロセス）の思考と意欲を引き出しましょう。

やってみよう！

- **自由進度学習は、「どのように学ぶか」（ラーニングプロセス）の選択肢の一つ**
- **勉強が「タスク化」しない、形成的評価の言葉かけを単元内で心がける**

6

小さな成長を喜べない子の励まし方

ちょっと惜しい…

△

きっといつかできるようになるよ。

←

もっと伝わる！

○

今日もまた一歩成長できたね。

◎素敵なあなたの声をもっとよく聞こう

自分の小さな成長を喜べない子どもは、「他者の声」に非常に敏感です。それは、クラスの友達の声であり、親や先生などの大人の声であったりします。**「他人と比べるスイッチ」が自動的に頭の中で押されてしまい、その結果、最も喜ぶべき「自分の成長」に目が向けられなくなってしまうのです。**

「他人との比較癖」は、少しずつ改善を促したほうがいいと感じます。幸福学研究の第一人者である前野隆司氏は、他人と比較することで生まれる「ねたみ」「嫉妬」「うらやむ気持ち」は幸福度を下げると言及しています（You Tube『「ねたみ」「嫉妬」「うらやむ気持ち」…自分を苦しめる「比較癖」の手放し方』by PHPエディターズ・グループ）。

目の前の子どもが「他人と比較して落ち込んでいるな…」と感じる場面を見逃さずに、目を見て、対話を試みてください。

▼歴史単元の新聞が完成したAさんとの対話例

子ども 「先生、歴史新聞、全然上手じゃないけど、できました」

教　師 「見せてごらん。とてもよく書けているよ。どうして上手じゃないと思うの？」

子ども 「だって、○○さんみたいに、たくさん書けていないから」

教　師 **「Aさん、勉強は人と比べて落ち込んでも良いことがないよ。もし、人と比べて頑張るぞって思えるなら、比べてもいいと思うけど、落ち込んでしまうのなら、比べるのは禁止です」**

（Aさんが、前の単元で書いた、歴史単元の新聞を取り出す）

教師「過去の自分と比べてみてごらん。前回と比べて、成長したところはどこかな？」

縄跳びが苦手な子と作った、オーダーメイドの「できたね」表

	なわとびを　がんばりましょう！！
☆☆☆☆	まえとび　3回　れんぞくして　できたよ
☆☆☆	まえとび　1回　できたよ
☆☆	かた手にもって　30かい　とんだよ
☆	しせいを　ピンとして　とんだよ

宿題を忘れる子と作った、オーダーメイドの「できたね」表

	しゅくだいを　がんばりましょう！！
☆☆☆☆	先生に　ていしゅつしたよ
☆☆☆	しゅくだいを　学校に　もってきたよ
☆☆	しゅくだいに　とりくんだよ
☆	わすれずに　学校から　もってかえったよ

◎オーダーメイドの小さな階段を一緒に作り、成長をともに喜ぼう

成長を喜べない子どもたちの中には、自分の頭の中に、無謀な階段（あまりに高い目標設定）をイメージし、登れずに落ち込んでいる場合もあります。そのような場合、学級担任がオーダーメイドの「小さな階段」を一緒に作り（前頁の表参照）、登れた際には、一緒に喜びの感情を共有しましょう。

◎小さな階段を喜び合える学級経営を心がける

オーダーメイドされた「できたね」表で、教師と喜び合うことに加えて、学級の中に「小さな成長」を互いに喜び合える雰囲気があるかどうかも重要です。学級内で、「一人ひとりの成長物語」を語っていますか？　ほめたたえていますか？　みんなでお互いの小さな成長を拍手でたたえ合いましょう。

教師「みんな聞いてくれるかい。実はAさんがなわとびを3回れんぞくでとべるようになったんだ。みんなで拍手!!」※このように周知してよいかは、Aさんに事前に確認をする

やってみよう！

- 他人ではなく、過去の自分との比較で成長を実感できるようにする
- 「できたね」表を一緒に考え、ともに運用し、学級全体で喜び合う

7

点数を過度に意識する子が、学びの本質を理解する言葉

ちょっと惜しい…

△

60点ですね。
気にすることないよ。

←

もっと伝わる！

○

60点ですね。
あなたは、60点をどう考えているの？

◎点数が「悪い」「良くなっている」は両立する

テストの点数を過度に意識する子どもたちに対して、点数を見直すための一助として次のような学級通信を配付しました。学級通信を選ぶ理由は、この考えを保護者とも共有するためです。

（学級通信）**自分のアタマで考えよう**

「悪い」と「良くなっている」は両立する

今日の1時間目、テストを返却した時「最悪だ」「私はバカだ」という声が聞こえたので、すぐにこの通信を書いています。

まず、4月から言い続けていますが「テストの点数」に一喜一憂するのは、やめましょう。単元テストを「自分の成長」を振り返るために利用してほしいのです。「マジで最悪だ」と反応し、何も行動しなければ、単元テストを利用できていないですよね。「単元テストを振り返る」時間を取るので、次のことを確認しましょう。

正解した問題は「❶自信をもって正解した？」「❷2択で迷った？」「❸たまたま正解した？」❷か❸の場合で正解したのであれば、学び直してください。単元テストはあくまで通過点です。不正解だった問題こそ、学び直すチャンスなのです。7時間あっても、理解できなかった箇所なのですから、ここでしっかりと学び直しましょう。どこの箇所でつまづいていますか？ 目を逸らさずに、「暗記」ではなく「理解」に努めましょう。

最後に学級本棚にも置いている『ファクトフルネス』（ハンス・ロスリング、オーラ・ロスリング、アンナ・ロスリング・ロンランド、日経BP、2019年）という本の話をします。

私たち人間は「ポジティブなニュース」よりも「ネガティブなニュース」のほうが、圧倒的に耳に入りやすいのだそうです。物事が良くなったとしても、ネガティブなニュースの影響で、実際よりも悪いイメージを抱くようになり、暗い気持ちになってしまうそうですよ。

そして、先生が好きな一文は、

「悪い」と「良くなっている」は両立する。

という言葉です。今回の「テストの結果」だけ見れば、あなたにとって「悪い」だったのかもしれません。でも、あなたの勉強への取り組みが前向きになり、ひたむきに取り組み続けている習慣によって「良くなっている」のも事実なのです。

大丈夫。君たちは、確実に「良くなっている」と、先生は自信をもって断言します。今回のテストの点数も「自分が良くなるため」に利用していきましょう。

◎単元テストを実施する時期を考えてみる

「単元テスト」を実施するタイミングについて持論を述べさせてください。私は、配当時数が8時間単元の場合、8時間目、つまり最終時間に「単元テスト」が実施されるのは、望ましくないと感じています。理由を、子どもたちと先生、それぞれの感情面から考察しましょう。

子どもたち側からすれば、「単元の学びが楽しかった」「単元の学びで力がついた」にも関わらず、テストの点数によって、嫌なイメージがついたまま単元を終えてしまう可能性を秘めていることです。本質を理解していない誤答であればまだしも、単純なケアレスミスによる減点だった場合は特に、単元テストが最後の時間に実施されるのは勿体ないです。

教師側としても、テストの点数が思わしくなかった場合、「学び直し」が後手に回ることで、授業時数が拡張してしまうのが問題となります。小学校高学年の算数で、テストの学び直しを何度も取り入れることで、年度末に「すべて学習内容が終わるのか？」と不安になる経験をした方もいらっしゃるのではないでしょうか。**単元最後に「単元テスト」を実施する当たり前を見直しませんか。**診断的な活用として単元序盤にあってもいいはずです。子どもが単元前半の知識理解を振り返るため、中盤に行ってもよいはずです。最も大切なことは、子どもたちの成長であることを見失わないようにしたいです。

やってみよう！

- **テストの捉え方について、学級通信で保護者とも大切な考えを共有する**
- **単元テストを実施する時期を見直し、前向きな気持ちで締めくくる**

8

作業的に勉強を繰り返す子には、具体的なチャレンジを示す

ちょっと惜しい…

△

今日もよく頑張りましたね。

←

もっと伝わる！

○

今日、新しく試してみたことは、何ですか？

◎「もっと良くなるかも」と試してみましたか？

デイル・ドーテン氏の著書『仕事は楽しいかね？』（きこ書房、2001年）に登場する主人公、マックス・エルモア氏の台詞の中で、とても印象的な言葉があります。

「試してみることに失敗はない」

とにかく「試行」し、どんどん新しいことを取り入れて行動しよう。完璧だと思って、立ち止まることなく、常に良い状態への変化を続ける大切さをマックス・エルモア氏は語っています。

下の図にあるように、「やりたくない」の拒否段階を越え、「言われたからやる」の従順段階を抜け出し、「やるべきだ・やらなきゃ」の義務段階で学びを捉えている子どもたちに対して、自身の学びにどんどん新たな「挑戦」を取り入れる言葉かけをしましょう。

学びを作業的に「こなす」ものと捉えていると、どうしても学びの本質や楽しさが感じられなくなってしまいます。

子どもたちには、自らの学びに「新たな試み」を取り入れ、アップデートしようとしたのか問いかけましょう。

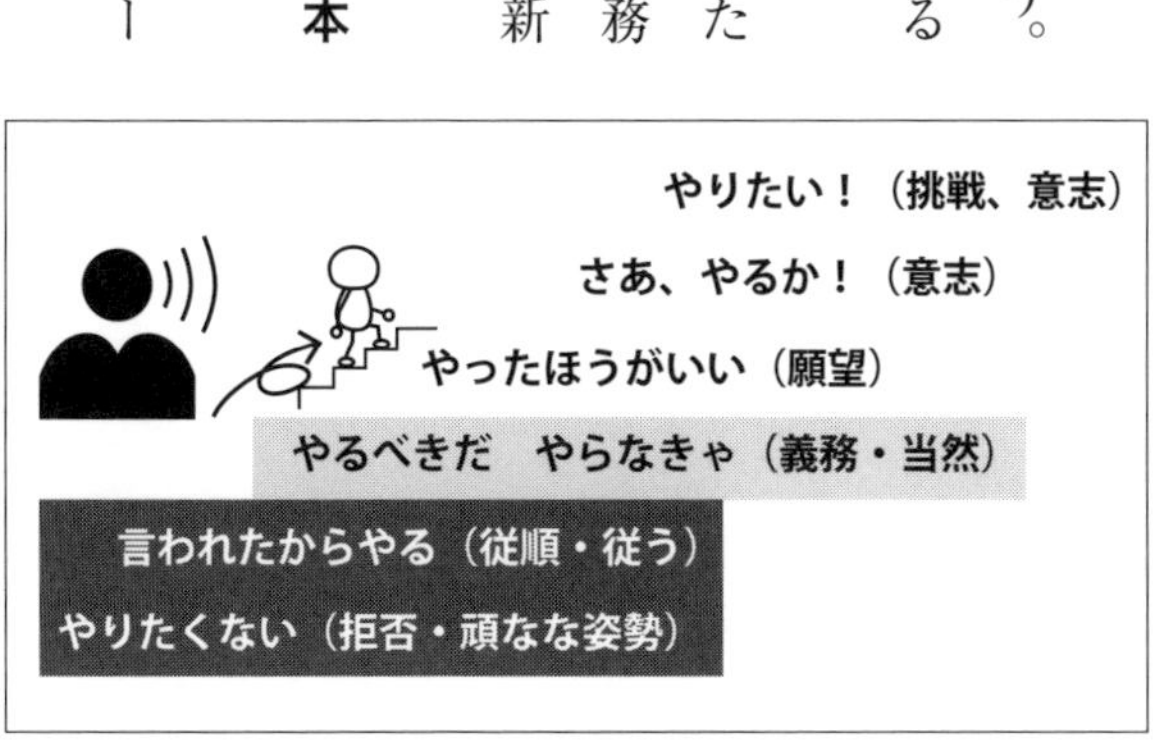

◎教師が提供すべきは、大事なことを毎日取り組む場

子どもが「新たな試み」を取り入れたくなる学習環境設計とはどのようなものでしょうか。たとえば教師側の工夫として、敢えて「毎日同じことをやり続けること」を取り入れてみてください。

▼教師が提供する学習環境

・大事な活動を毎日取り組む場を設ける

(例)「朝読書15分」「漢字学習５分」「算数の基礎練習５分」「社会科の前日のニュースを読みペアで話し合う時間５分」「リコーダー練習５分」などを例外なく、やり続ける。

▼子どもの工夫

・毎日、取り組むことにちょっとずつ「変化」を取り入れ、学習を自らアップデートする経験を積む

教師が毎日同じことを繰り返すからこそ、子どもたちが飽きないように工夫を始めるのです。

「学習に新たな試みを入れよう」という変化を取り入れる発信源が「子ども」であることが重要です。

◎ワークシートで振り返りの方法を工夫する

次頁の図表のようにGoogleスプレッドシートを使って振り返りのための「ワークシートの項目」を工夫することも効果的でした。

「新しく試したこと」の欄をあらかじめ用意しておけば、子どもたちの頭の中にも「今日はどんな新

しいことを試そうかな」という思考回路が生まれます。常に小さな挑戦ができるような後押しになります。

振り返りへの評価も「教師だけの評価」とならないよう、同じグループで取り組んだ勉強仲間からの相互評価もできるよう、共同編集でつなげます。教師からの評価よりも、仲間からの評価に励まされる子もたくさんいるので、教師だけの評価にならないような工夫が必要だと思います。

仮に、新しく試したことが微妙だったのであれば、これまで取り組んでいたことが効果的だったという気づきになります。

とにかく「試してみることに、失敗はない」のです。

日常で新しいことに挑戦する子どもの姿を生み出していきましょう。

☆振り返り　上段…「教科の力」の観点から書く ★メタ認知　下段…「学習者」として「新たに試したこと」の観点から書く	仲間から 先生から
☆3つくらいの表現を試してみました。どれが一番感動しそうか考えました。 ★紙の国語辞典を使ってみました。久しぶりに使って楽しかった。	(Aさん) 一緒に国語辞典で調べて、良い言葉が見つかったよね。 (先生より) ナイスチャレンジです。国語辞典にも良いところがたくさんありますよね。使って見たからこそ気付けましたね。
	↑相互評価も取り入れるため、同じ学習仲間と教師で、共同編集型の振り返りシートとしている。

やってみよう！

- 毎日の同じ活動に、子どもが新たな工夫を加え、学びをアップデートする
- ワークシートに「新しく試したこと」の記入欄を設け、振り返りを共有

Column 3

漢字の家庭学習にだけ取り組んでいた子が、他の教科にも興味を持った話

毎日同じ内容の家庭学習をしている子どもを見ると、「他の学習にも挑戦してほしい」と感じることがあります。

実際に、毎日漢字学習だけに取り組む子がいました。最初は「家庭学習が面倒なのかな」と一方的に感じていましたが、実は漢字テストへの不安が行動の原因だったのです。

ある日、次のような言葉をかけてみました。

「実験として、漢字の家庭学習をやめてみて、テストを受けてみるのはどうかな？　先生はきっとそれでも満点が取れると思うよ」

予想通り、彼女は満点を取りました。その経験以降、彼女の漢字学習は、テスト前日のみとなり、他の曜日に英語や算数の学習に取り組むようになったのです。

力は十分にあるけど、自信がない子が、教室にはたくさんいますよね。自信がないから、同じ勉強を繰り返します。しかし、教師が工夫した言葉かけをすることで、新たな挑戦を始める場合もあります。

教師が背中を押し、新たなチャレンジをする勇気を引き出したいものです。

第4章

「自主的に学ぶ子」がさらにレベルアップする言葉

1

脳の性質を理解すると、子どもが効果的に学び始める！

ちょっと惜しい…

△

とにかく、たくさんやってみよう！

←

もっと伝わる！

○

無理なく、続けられる学び方を探ってみよう。

◎ニューロダイバーシティと学びの多様性

「ニューロダイバーシティ」とはダイバーシティ（多様性）の前にニューロン（神経細胞）の意味が付随し、日本語では「脳の多様性」などと訳されます。**人間の脳の中に1000億個もあるといわれる神経細胞にも、さまざまな特性の違いがあることへの理解が求められているのです。**

同じように教育現場でも、どんな子も「排除」するのではなく、「包摂（その集団内において包み込む）」し、互いに尊重し合う心を持っていることが求められていると言えるでしょう。

◎学びのダイバーシティを教室に取り入れる

本書を読んでいる皆さんには、「排除」するつもりなど全くないと想像します。しかし、同一の基準や方法、画一的な指導を続け、教師が「とにかく頑張ろう」「やればできる」と言葉を送り続けることは、できなくて苦しむ子どもたちにとっては、排除されているかのような寂しさを覚えても不思議ではありません。

無理なく、続けられる学び方を探ってみよう。

このように教師が中心となって「多様な学び方」が許容される文化を広めていきたいものです。村中直人氏は『ラーニングダイバーシティの夜明け』（日本評論社、2024年）の冒頭で、学びの多様性について次のように言及しています。「これまでの教育では、子ども自身が「自分に合った学び方を選ぶ」ことや、「自分なりの学び方を学ぶ」ことが軽視されてきた経緯があります。しかしながら、教育は一人ひとりの学びの多様性を尊重する方で根本的な変革が求められています」。

◎社会科の授業で多様な学びを試す場を設ける

多様な学び方を試す場として、最も優れている場面の一つである社会科の時間を事例に、教室の様子をお伝えします。

社会科の授業では、単元や本時の流れとして①導入、②見通し、③調べる、④まとめる、⑤振り返りの5段階が一般的かと思います。

「①導入や②見通し」までは学級全体で、一斉授業の形態でやり取りをし、**③調べると④まとめるの段階では、学び方も含めて子どもたちに学びの選択肢を託していきます**。単元の最後には、教科面と学習者の二つ

全11時間の単元の流れ　　**社会下 p36～p55**

1時間目	オリエンテーション 3章3…工業生産を支える輸送（ゆそう）と貿易（ぼうえき）	教科書 p36～p45
2～5時間目	**自由進度学習**	
6時間目	オリエンテーション 3章4…これからの工業生産とわたしたち	教科書 p46～p55
7～9時間目	**自由進度学習**	※「私のまとめ新聞」を9時間目までに提出完了
10時間目	**単元テスト（知識のテスト）**	教科書 p36～p55
11時間目	**レポート試験（考えるテスト）**	教科書 p36～p55 ※ノートは持ち込み可

の側面から、「振り返り」を全員で行う授業構成をよく取り入れています。③調べると④まとめるの段階の学び方に関し、多様な学び方を提示した際の言葉かけを紹介します。

教師「実は情報収集をしたり新聞を作ったりする際にも、いろいろな学び方があるんだよ。いろいろな方法を試してほしいな」

▼苦手特定勉強法

教師「理解できていない事柄を集中的に勉強する学び方だよ。動画教材を使ったり図書館の漫画本を使ったりして、理解できていない箇所を明らかにしながら、学びを進めてみよう」

▼アウトプット勉強法

教師「学んだことを、どんどんアウトプットするよ。たとえば今日の学びを140文字でまとめて学級用掲示板にアウトプットしてみよう。いろいろな学びをアウトプットして、他の投稿と意見交流しよう」

やってみよう！

- **脳が一人ひとり違うため、学び方も異なることを理解する**
- **社会科の自由進度学習を「多様な学び」を試す場として、活用する**

2

勉強の不安を支える、ちょっとした一言

ちょっと惜しい…

△

大丈夫だよ。やってみよう。

←

もっと伝わる！

○

「失敗して困ること」と「やってみないと困ること」を具体的に書き出してみよう。

◎ノーペインノーゲインの精神

英語の慣用句で「痛みなくして得るものなし」や「今の苦労が後の楽につながる」という意味を表わす言葉があります。

・No Pain、no gain（ノーペイン　ノーゲイン）

学習の文脈では、リスクを取らないとは「新しいことに挑戦しないこと」だと伝えています。

・前回と同じようにやってみよう
・みんながやっているようにやろう

このような考え方は、成果が出ている場合や、学習を継続し、習慣化させたい場合は効果的かと思います。しかし、成果が出ていなかったり、学びを作業化してしまったりしている場合は、新しいことに挑戦し、「まだ見ぬ自分」をリスクを取って探しにいく必要があります。

◎慣れてきた学習に、適正なリスクを取り入れよう

リスクという言葉は、「危険性」や「不確実性」といった意味合いで用いられますが、教育の場では「成長の機会」を意味するものとして捉え直すべきだと考えます。

▼Aさんのケース（4人でグループ学習中）

4人グループの女の子たちは、「テスト勉強会」を授業中や放課後などに自主的に開催していました。

そのうちの一人、Aさんは、教科書の全文をいつも家庭学習ノートに書き写し「書いて覚えたい」と取り組んでいました。テストの点数としては、いつも80点前後。目標点も「80点を下回らないようにしたい」と願っていました。

私はAさんに対して**「もっとAさんの成果（ここではテストの点数を取る）につながる学び方や時間の使い方があるはず」**と仮説を立てていました。

そこで、友達の力を借りました。私から一方的に伝えるだけでは、Aさんが一歩踏み出す勇気にはつながらないと予想したからです。4人グループの他の子どもたち、Bさん、Cさん、Dさんは、それぞれ異なるテスト勉強の仕方をしていました。

▼Bさん、Cさん、Dさんのテストに向けた勉強法（学んだ知識を自ら定着させる段落）

Bさんは、**リング式の単語帳**を使っていました。「キーワード」を表面に書き、裏面に「自分の言葉で」説明を書いていました。Cさんは、当時の勤務校で採用していた「ニューコース」という**学習アプリ**を活用していました。Dさんは、教科書から言葉を抜き出し、**マインドマップのように他の事柄をつなげ、単元の学びを整理**していました。

Aさんと相談のうえ、全員の学び方を一通り試してみることになりました。行動する気持ちは固まったものの、ちょっと不安気なAさんに背中を押す言葉かけをします。

教師　**「先生もそうだけどさ、新しいことに挑戦してみるって不安なことだよね。でもね、試さな**

いままでは困ることもあると思うんだ。ちょっと鉛筆を持ってごらん。『新しい学び方を試して、失敗して困ること』を書き出してごらん。もう一つ、『新しい学び方に、挑戦しないと困ること』も書き出してごらん。それを比べてみようか」

このように具体的に比較することで、挑戦の価値を実感させることができます。今回は「テストの点数」に焦点化した話をしました。

ただ、繰り返し伝えていますが「テストの点数」に対し、周囲の大人が過剰な反応をするのはやめるべきだと考えています。ですが、子ども視点として「テストで良い点数を取りたい」思いは当然あります。**そのため小学校の授業であっても、自由進度学習内で「テストに向けた勉強」を目的に学ぶ時間があることは悪いことだとは考えていません。**今回のAさんの場合は、一時的にテストの点数を目的化したとしても学ぶ意欲は損なわないと判断しました。「学び方の選択」を複数持っていると、将来、行き詰まったときに新たな行動を起こす力の源となります。

やってみよう!

- **リスクをとって新しいことを挑戦することの価値を伝える**
- **友達の多様な学び方を、とりあえず試す経験ができるよう後押しをする**

3

挑戦する勇気を与える、学級のちょっとした取り組み

ちょっと惜しい…

△

失敗を恐れずに、挑戦しましょう。

←

もっと伝わる！

○

今日の授業で失敗した数を教えてくれる？

◎脱「100点が素晴らしい」思考

エジソンは「失敗」に関連した多くの言葉を後世に残しています。

・どんな失敗も、新たな一歩になる。

・失敗は積極的にしていきたい。なぜなら、それは成功と同じくらい貴重だからだ。失敗がなければ、何が最適なのかわからないだろう。

・私は失敗したことがない。ただ、一万通りの、うまくいかない方法を見つけただけだ。

実に勇気づけられる言葉であり、挑戦する子どもたちの背中を押してくれます。

「失敗に挫けず、挑戦し続ける心」を育むために、教室内で価値づけるべきは100点という「結果」ではありません。自分の学びを最大化させるため、何回失敗したのか？「挑戦の過程」を価値づけることだと考えます。

漢字50問テストでは、いつも満点近くのAさん。彼女は周りから「天才」とか「漢字博士」といわれていました。しかし、教室内で私だけは知っていました。**彼女は毎日コツコツと漢字テストの勉強を2週間も前から始めていたことを。2週間前の自作テストの挑戦では70点にも満たないことを。**

Aさんに許可を得て、学級全員に、彼女の家庭学習の様子を見る場を設け、「天才だ」と感じる人も、実は見えないところでたくさんの「失敗」を経てきていることを共有しました。

◎失敗の数を数えてみよう

失敗の数を、他人に数えられてしまっては、たまったものではありませんよね。しかし、セルフ方式で「自ら」数えてみることは実に効果的です。授業で「失敗した数」は「挑戦した数」でもあるのです。学習難易度も簡単なものばかり取り組んでいては失敗することはありませんから、必然的に「失敗するかもしれない問題」に子どもたちが挑戦することになります。

学校にてできるちょっとした実践として「**輪ゴムカウント法**」が取り組みやすいです。

①　朝の会で一人10個の輪ゴムを配付する。

②　輪ゴムを片側のポケットに入れる。

③　カウントする事例が起きるたび、反対側のポケットに移動する。

④　帰りの会で「何個移動できたか？」を確認する。

教師　**「輪ゴムは何個移動していましたか？　1個以上、移動していた人はいるかな？『どんな挑戦をして、どんな失敗をしたのか？』、班の人にシェアしましょう。聞いた人は『ナイスチャレンジ！』と、笑顔で答えてあげてくださいね」**

◎パフォーマンス課題で成長を見取り、言葉で伝える

点数化されているものであれば、子ども自身にもわかりやすいです。しかし、思考力・判断力・表現力等が「成長しているのか」を子どもが振り返っていくのはなかなか難しいものです。教師が、「学習者の過去の学習活動への取り組み」と比べることで、次なる目標設定や挑戦を後押ししましょう。

▼パフォーマンス課題に取り組む際の声かけ例～国語科「話すこと・聞くこと」単元編～

（話したい内容を事柄ごとにまとめた付箋を並び替えるAさんへの言葉かけ）

教師　「どの順番で話したらいいのか、並び替えて考えているね。先週はやっていなかったよね。どうして、いろいろ試しているの？」

このように問いかけ、子どもが自らの挑戦に自覚的になれるよう、言語化を促します。

※やや脱線しますが、国語科『話す・聞く』単元は、子どもが実際に「話す」「聞く」様子から評価されるべきです。音声ＣＤを用いたペーパーテストは学びを見通したり振り返ったりする活動として促え直したいと考えています。

やってみよう！

- **輪ゴムカウント法で「挑戦数」に目を向けるように促す**
- **パフォーマンス課題での成長に注目し、それを言葉で伝える**

4

勉強をこなしている子には、学びの意義を再確認させよう

ちょっと惜しい…

△

どんどん、早くできるようになっているね。

←

もっと伝わる！

○

勉強の難易度をあげてみたらどうかな？楽しい学びが待っているよ。

◎最初は楽しかったはずなのに、こなすように変わってしまう原因は？

どんなに自立した学習者として、主体的な学びを積み上げている子どもでも、時には「学び（学習）をこなす」段階に直面します。これは決して悪いことではありません。さらなる成長のために必要な時期なのです。

心理学者のチクセントミハイ氏は『フロー体験入門』（世界思想社、2010年）の中で、**チャレンジとスキルが釣り合う状況、つまりフロー状態を創り出す重要性**を指摘しています。フローの概念は、あらゆる分野に渡って広く使われていて、私も子どもたちの「学びの自己調整力」を育むために、下記のような図解も交え、子どもたちに伝えています。

学習者主体の授業の導入時は楽しかったはずなのに、気づくと勉強をこなすようになってしまった子。「飽きてしまったのかな？」と悪く捉えてしまいがちですが、「スキル・力」が身につくのに伴い「フロー状態」から「退屈ゾーン」へとはみ出してしまったともいえます。下図は「退屈ゾーン」から、また

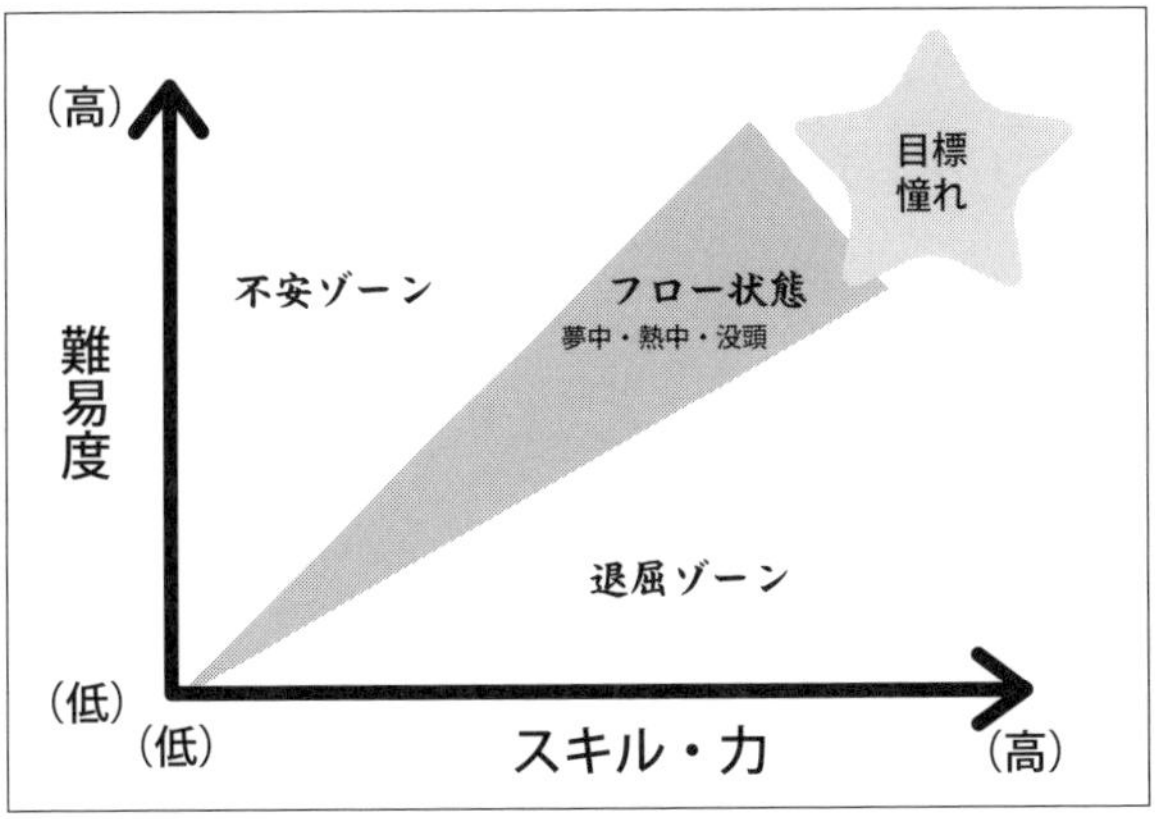

抜け出すためには、子どもたち自身が難易度を上げようと考えるための指針とするように活用させたい図です（前頁の図）。

◎退屈ゾーンの子への言葉かけ

スキル・力に対して、挑戦する課題の難易度が低い状態のため「退屈」「飽き」「手持ちぶさた」などの感情や状態になっている子には、難易度を上げる言葉かけをしましょう。

教師「前は楽しかったのに、何だか退屈だと感じているのは、力がついてきた証拠だよ。ゲームもさ、ずっと同じ難易度でプレイしていたら飽きると思わない？　難易度を上げた直後は、失敗したり悔しい気持ちになったりするだろうけど、勉強の難易度を上げてみたらどうかな？楽しい学びが待っていると思うよ」

◎不安ゾーンの子への言葉かけ

難易度に対して、スキル・力が低い状態のため「不安」「恐い」「怖れ」などの感情になっている子には、スキル・力を身につけるための学習活動を促しましょう。対話を通して、子ども自身が決断できることが望ましいです。

また、**「不安ゾーン」の子は、「じゃあ難易度を下げます」と**

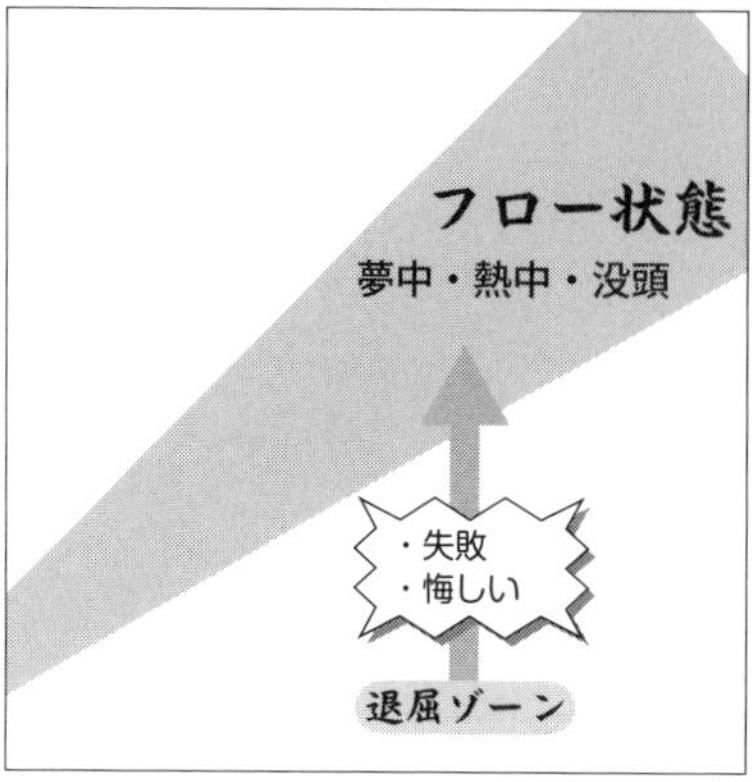

退屈ゾーンの子

決断する傾向があります。そんな場面に直面したときは、担任としてそっと後押しし、本人が目指す姿に近づけるよう、さらなるスキルを磨くきっかけを提供しましょう。

教師「だんだん難しくなってきて、不安だよね。よくわかるよ。難易度を下げてもいいけど、先生はさ、Aさんは必ず力がついてできるようになると思っているよ。そのまま挑戦を続けてみないかい？　今やっている問題が解けなかった原因は、何だと考えている？（子どもの考えを聞く）」

教師「なるほど。じゃあ、その原因を一緒に考えてみようか。先生がAさんに必要だと思う勉強や考え方は、付箋のメモにまとめておいたから、学習の参考にしてみてね。よし、やってみようか」

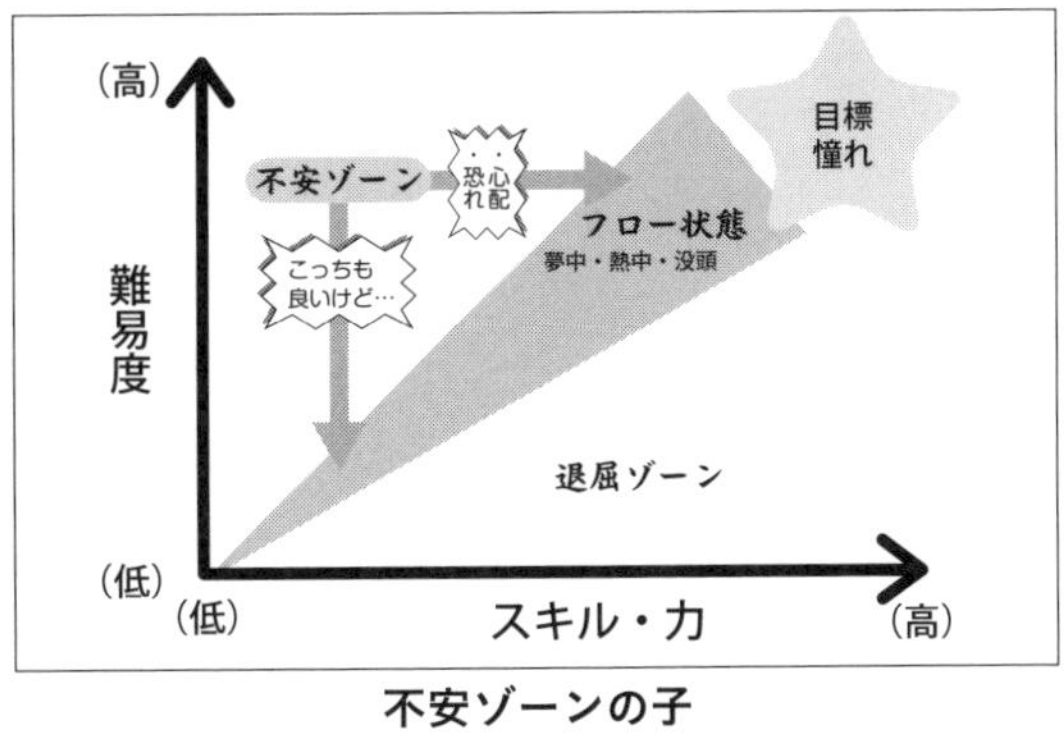

不安ゾーンの子

やってみよう！

- 子どもたちに簡単な図解で「フロー状態」を説明する
- 「退屈」か「不安」か見極め、対話しながら「難易度調整」などを行う

5

役に立つ喜びを知るには、教師の実体験を語る

ちょっと惜しい…

△

人の役に立ちましょう。

←

もっと伝わる！

○

優しさが循環する学級で過ごしたいよね。

◎孤立化した学びを防ぐ、学習仲間という意識

個別最適な学びの研究推進や自由進度学習の実践が広まるに伴い、次のような「孤立化した学び」を懸念する声が多数聞かれるようになりました。

・「個別最適な学び」が「孤立した学び」にならないようにしよう
・「自由進度学習」という手段を追い求め、子どもたちを「孤立」させてはいけない

文部科学省も協働的な学びを重要視する方針を示しているので、学びの孤立化は防いでいくべき観点です。

私が現場で感じる、子どもたちの思考傾向があります。それは**「日常的に仲が良い人は助ける」**が、**「日常的に仲が良くない人を自分からは助けない」**というものです。

思考傾向としては自然なことかもしれません。しかし、「同じ学級で生活する学習仲間」の文脈では不自然さを感じるのです。協働的な学びのためにも、**「他者」ではなく「学習仲間」であると、子ども自身が感じられるよう、子ども同士をつなげる学級経営は必須です**。たとえば、高学年担任の場合は、朝の会での3分ペアトークが有効な手立ての一つです。ペアが重ならないよう配慮すれば、全員が30日間で一度は二人きりで話す時間を確保できます。一度も話したことがない人を学級の中で生み出してはいけないと思います。

◎学級全体への方針〜優しさを循環させよう〜

「孤立した学び」を生まないため、子どもたち一人ひとりの「学習仲間を見捨てない」という心持ちも非常に重要です。日常的な仲の良さに固執せず、「学級の困っている人」を自分ごととして捉え、優しい行為を起こそうと指針を示した学級通信を一部紹介します。

学級通信「優しい学級と見捨てられる学級のどっちがいい？」

先生の問いかけに、全員が優しい学級と即答していましたね。本当にその通りですよね。先生も、そんなクラスの担任教諭として、毎日を過ごしたいと思っています。

立て続けに、もう一つ、問いかけました。

「日常で仲良い人はすぐ助けるけど、そうではない人を助けるのに躊躇することはある？」

二つ目の問いかけには、多様な視点からの意見が出ていました。ぜひ、ご家庭でも「話し合う題材」にしていただけるとうれしいです。

子どもたちから、いろいろ意見が出た後、先生の意見も、一つの参考として伝えました。先生が伝えた主張としては「学級に優しさを循環させよう。巡り巡って、自分も優しさに救われる」ということです。

皆さんのお家の人も経験があるかもしれませんが、札幌市民のドライバーが避けたくても遭遇してしまうのが「車が雪で埋もれて動けなくなること」です。いわゆる「スタック」といいます。

先生は、先週の帰り道に今冬「初スタック」に見舞われました。**「え？　埋まったらどうなるの？」**と皆は聞きましたね。でも、埋まった時に近くにいた五人の人がすぐにぱっと車から降りて、駆けつけ、車を押したり、連結ロープで引っ張ったり、スコップで掘ったりして助けてくれました。

もちろん、その人たちは全く知らない人なのです。

直接「恩返し」ができない難波先生は、その後の未来ではどんな行動に出るでしょうか？

そうです。**他に埋もれている車を見かけたら、一目散に駆けつけて助けるのです。**なぜあんなにも、たくさんの人が車のスタックに駆けつけてくれるのか？　理由は簡単で、自分が助けられた経験があるからなんですよね。

つまり皆さんに何が伝えたいのかというと…このような**「優しさが循環する」教室であって欲しいと思うのです。**たとえば、算数の単元で困っている人がいるなら…（以後続く）

やってみよう！

- **「孤立化した学び」にならないよう、協働的な学びも大切にする**
- **同じ学級で過ごす仲間として、困っている人を見捨てない考え方を伝える**

6

限られた時間の中で、効果を最大化させるための言葉

△ ちょっと惜しい…

ちょっと待ってね、あとでもいいかい。

↓

○ もっと伝わる！

聞く相手が、先生以外だとしても学びは前に進みそうかな？

◎すべての問題を学級担任一人で抱え込まない、解決しない

田中泰延氏は『会って話すこと。』（ダイヤモンド社、２０２１年）の中で「他人の問題に対する捉え方」は４種類あると述べています。

①あなたが助けられる問題
②あなたが助けなくてはいけない問題
③あなたが助けられない問題
④あなたが助けてはいけない問題

②は迷わず行動ですね。③や④は、話を聴くことはできるかもしれません。しかし助けられない問題であれば仕方がないと割り切る心も必要です。教室で起こる問題で最も考えるべきものは、①です。①をさらに二つに分けて考えることが大切です。

①のＡ…自分しか解決できない問題
①のＢ…自分以外にも解決できる問題

この二つをよく考えていく必要があります。子どもたちのため

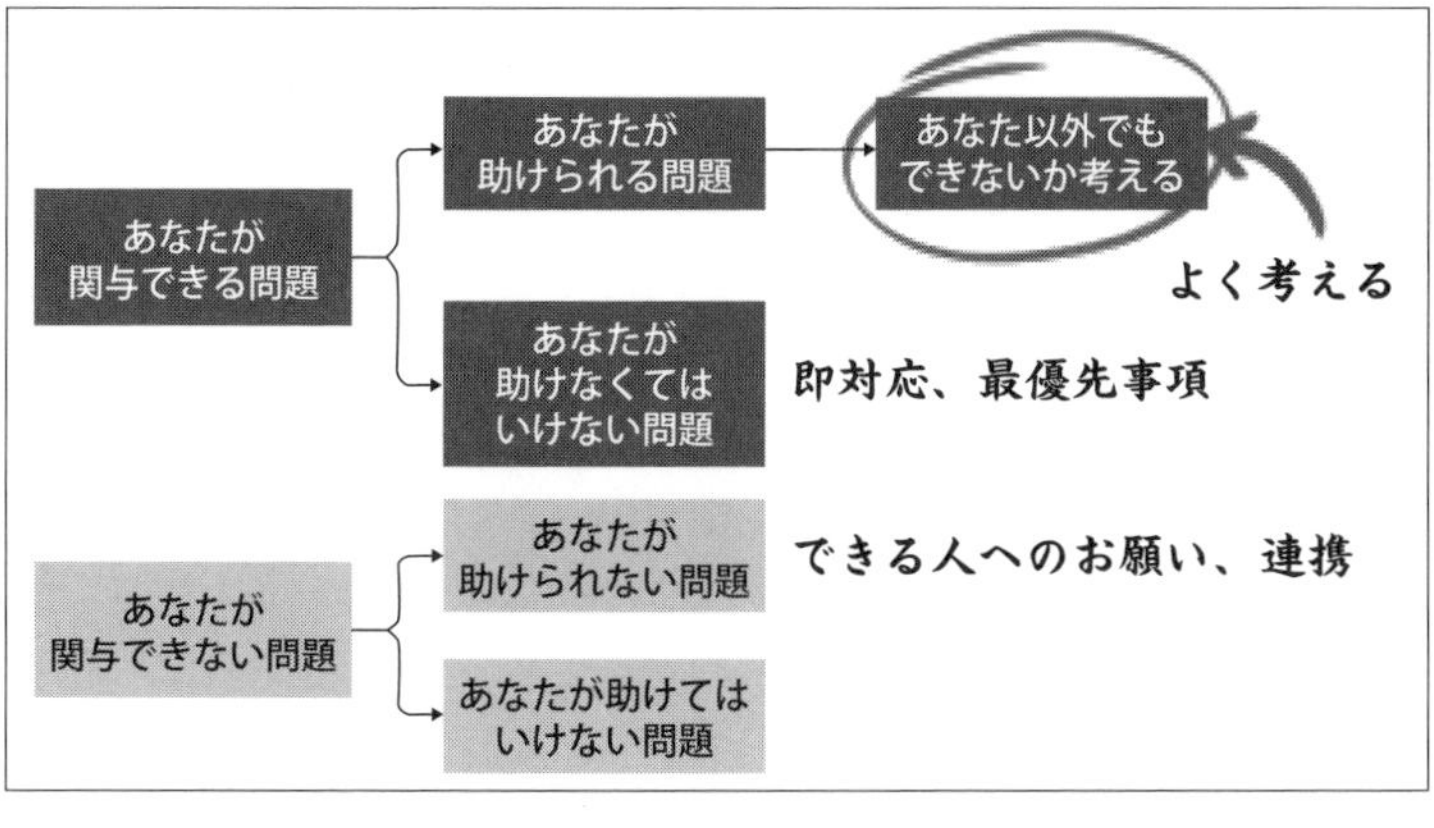

に頑張りたいのはわかりますが、学級担任の身体は一つしかありません。**すべてを学級担任が解決しようとすると、助けられる問題の総数が減る可能性もあり得る**のです。

◎学級担任がすべての問題に対応しないことで、逆に成果が生まれる

たとえば、「丸つけ」に関する事例で考えてみましょう。

学びの目的が「算数の単元で扱った問題の、類似的な練習問題を解けるかどうか確認すること」であれば、教師が全員分の丸つけをする必要はありません。

子ども自身が丸つけをして、わからなければ申告するようにすれば良いのです。誤魔化したり言い出せなかったりする子には個別対応をします。**「自分自身で正確に丸つけをし、間違いを分析し、次に起こすべき行動を考える力」**は子ども自身が経験を積み、身につけたほうが、教育的効果としても高いですよね。このような「教師がやってしまうことで成長が損なわれている問題」は至るところに存在すると思うのです。

◎行列をつくる1年生に言葉をかけてみた結果

小学1年生への言葉かけを事例に紹介します。

小学1年生はＩＣＴ端末の新機能に試みるだけでも時間を要します。一つの新機能を紹介し、取り組み始めると「困った」の大行列が教師の前にできたのです。10人待ちの行列を作る子どもたちに、

次のような言葉をかけました。

教師 「待たせちゃってごめんね。ちょっと一つ聞いてもいい？ 手を挙げて教えてほしいことがあるんだ。**『困った』を聞く相手が、先生以外だとしても解決しそうな人はいるかな？**」

この言葉かけによって、10人のうち7人が列を離れ、友達に聞くことで、「困った」を解決していました。

ここでもう一押しです。列を離れた7人を呼び出し、フォローをしましょう。

教師 「先生じゃなくても『困った』は解決できたかい？ 友達に聞いたことで、待っているよりも早く解決できたね。もし友達に聞いてもわからない時は、いつでも先生に相談して良いからね」

やってみよう！

- **教師一人が抱え込むことで、成長の機会が損なわれていないか考えよう**
- **保護者、同僚、友達、本、インターネットなど頼れる存在を提示しよう**

7

力を発揮する場面を求めている子には、評価される場を与える

ちょっと惜しい…

△

力があるんだから、挑戦してみたらいいのに。

←

もっと伝わる！

○

ぜひあなたに○○の役割をお願いしたいと思っているよ。

◎力があるのに躊躇する子へのサポート

皆さんの学級にも「リーダー的な役割を担える力があるのに、決して立候補をしない子」はいないでしょうか。

「力は十二分にある」「全体を見渡せる視野がある」「誰とでも良好な人間関係を築ける」「チームの成果をまずは考えられる」そんな子です。

しかし「挑戦したい」と一歩踏み出す気持ちが出なかったり、自分には無理だと思っていたりする子はいませんか。私は、そのような子には個別にアプローチをし、力が発揮される場を提案をします。

▼代表委員会への挑戦をためらう6年生のAさんへの言葉かけ例

教師「Aさん、代表委員会に立候補しないのかい？」

子ども「やってみたいけど、他にもやりたい人がいるかもしれないから…」

教師「今のところ、誰もいないよ。先生は学校の代表をぜひAさんにお願いしたいと思っているんだ。どうかな」

「Aさんを、5年生の頃から担任として見ているけど、学級の生活をよくするために、自ら行動してくれていたよね（たとえば…具体例を話す）」

「また、宿泊行事でも、学年のことを考えて、みんなの意見を聞きながら、成功させることができていたよね。（たとえば…具体例を話す）」

「6年生の今年は、学校の代表として、Aさんの力を存分に発揮してほしいな」

◎教師が見えないものを見えるようにする

Aさんは、代表委員会に立候補し、学校の代表として児童会活動のリーダーになりました。しかし彼女は役割を担ってからも「これで大丈夫なのか」と不安が消えません。**特別活動や児童会活動の成果は子ども自身には見えにくいものです。**教師が積極的に「あなたの行動は代表委員にふさわしい、素晴らしい」と伝え続け、意欲をもって役割を果たせるよう心がけました。

励まし続けた結果、Aさんは代表委員会活動を見事にやり遂げ、その後の中学校生活でも、自分の「やってみたい気持ち」を大切に、チャレンジを続けていると聞いています。

◎とにかく「やってみる」が何より大事な時代だからこそ

多くの子どもたちと接していて実感するのは「やってみないとわからない」ということです。本人も保護者も教師も、「これがまさか本人の強みだったのか」と気づいていなかったのに、やってみたら強みだったなんてことは、日常的によく起こるのが学校です。

▼これまで出会った一部の事例

- **人前で話すのが苦手だった子が、スピーチ学習をきっかけに人前で話すことが好きになった。**
- **読書に興味がなかった子が、ある1冊の本と出会い、本が大好きになった。**

・喋ったことがない子と、席が隣になってから仲良くなった。
・表現活動で友達から「上手だね」と言われたのがきっかけで、ダンスを習い始めた。
・植物を育てる活動を通して、興味が出てきて、図書館の本でいろいろな種類の植物を調べた。

このように数え切れないほどあります。皆さんの目の前でも、日々起こっていることでしょう。

だからこそ、私は義務教育段階では「**合うか合わないかよくわからないけど、とりあえずいろいろやってみる**」ことの価値を伝え続けています。

今年度、初めて実践している活動を紹介させてください。それは「**やってみたい当番活動にすべて挑戦できる制度**」です。現在1年生の担任をしているので、学級生活の円滑な運営をする当番活動に取り組み、徐々に本人たちの工夫が広がっていく活動になるよう運営中です。

たとえば、私の学級では、本棚当番が10人います。落とし物当番が15人います。配り当番が18人います。給食準備サポート当番が17人います。「やってみたい仕事」をすべて挑戦できる仕組みにしています。従来の「一人1当番制度」に縛られず挑戦の場を広げる取り組みを導入しているのです。

やってみよう！

● 人のために一生懸命頑張れる子には、評価される場への挑戦を促す
● 未知を恐れず、「とりあえずやってみる」気持ちを大事にする

8 チームで成果を出す体験から子どものリーダーシップが生まれる

ちょっと惜しい…

△

リーダーの役をやってみたい人はいる？

←

もっと伝わる！

○

あなたはすでに立派なリーダーです。次もやってくれない？

◎個別最適な学びと協働的な学びの一体的な充実

さて、最終テーマとなりました。自由進度学習のオリジナル実践が「教科の一人学び」であり、「個別最適な学びの実現」に向けた具体案として注目されているのはご存知のことと思います。しかし、令和3年1月、中央教育審議会の答申（「令和の日本型学校教育」の構築を目指して）では、「個別最適な学び」と「協働的な学び」の一体的な充実が強調されていることも忘れてはいけません。

◎グループ学習を取り入れる

私はよく好んで「グループ学習」（3人～5人の範囲内でグループを作り共通の目標や課題に向けて学習を進めていく形態）を取り入れています。グループ形式を取り入れるからには、「一緒に勉強したお陰で、より成果が生まれた」と振り返れるような学びにしたいと伝えています。「よりよいグループであったか？」の指標は、スペンサー・ケーガンの協同学習4つの原理を参考にしています。

1　お互いに、支え合い、助け合い、協力できたか？
2　それぞれが役割を持ち、目標に向かって力を発揮し合えたか？
3　みんなが平等に学習参加できるよう工夫をしたか？
4　一緒に活動することで、一人ではできないことができたか？

◎新しいリーダーの定義

グループ活動では、自然とリーダー役の子が必要になります。小学校で、リーダー役を担う子どもは、主に二つのパターンに分類されます。

①自らリーダーに立候補した子

②その教科の知識・技能がある子

①はイメージしやすいかと思います。しかし②に関しては無意識に任命してしまいがちなので、注意が必要です。ゴール型運動や器楽演奏におけるチームのリーダーは、②の子になっている場合が多いのではないでしょうか。①もしくは②のパターンでリーダーを選出していくと、一部の子に偏ったリーダー選出となってしまいます。そして何より、**「真のリーダーとしての資質」があるにも関わらず、その力が発揮される場がないことは、学級として大きな損失です。**

私は子どもたちに対して、リーダーの新しい定義として次のような提案をしています。

③グループ全員の成果が上がるよう行動を起こせる子

◎グループのみんなが活躍できる立ち回りができる子を見逃さない

③のタイプの子を見つけるため、教師は、子どもたちにグループ活動を任せながらも、よく観察をします。ここで観察するべきは「話している内容が素晴らしい人」だけではいけません。**「グループ**

の良い話し合いを成立させている人」を見るべきです。

下の図が、私が高学年でグループ活動を委ねる際、指針にしているチェックポイントです（図は高学年の国語科「話す聞く」単元及び前述のスペンサー・ケーガンの協同学習成立の条件を参考に作成しています）。

たとえば、**グループでの活動時に「質問をしている子」「進行計画を立てている子」「出ている考えを整理している子」**は書記のようなポジションとなり、「リーダー」には不向きと考えるかもしれませんが、実は、この子たちがグループ活動を成立させているのです。このような指標を用いて、グループ活動の陰の功労者を見逃さず、学習のリーダーにどんどん抜擢してみてはいかがでしょうか。

グループの振り返り

対話の学び
- □ 質問し合っている？
- □ 考えの違いを明確にしている？
- □ 互いの考えの良いところや問題点を比べている？

話し合いの学び
- □ 進行計画を立てている？
- □ 決める観点を考えている？
- □ 議題を確かめ、進行計画に沿って話し合っている？
- □ 質問を通して互いの考えを詳しく知ろうとしている？
- □ 共通点や異なる点をはっきりさせ考えを広げている？
- □ 話し合いを整理しながら、考えをまとめている？

グループ学習
1. 互いに支え合っていた？　助け合っていた？
2. それぞれに役割があった？　強みを発揮し合えていた？
3. 発言・活動に、みんなが平等に参加するよう工夫した？
4. 一緒に活動できた？　何もしない仲間を生まなかった？

やってみよう！

- リーダーの定義を広げ、「みんなの活躍を考えられる人」と価値づけよう
- グループ活動を観察し「リーダーの素質」がある子を抜擢する

Column 4

歴史漫画好きがきっかけとなった話

基本的には、授業中は机に伏せていた子がいました。前年度からの引き継ぎでも、彼はずっとそんな授業態度であったと聞いていました。「他者の邪魔をしていないだけ、低学年の頃よりは成長しているよね」と。

何か突破口はないかなと考えつつ数ヶ月が過ぎました。ふと、彼が朝読書で「歴史漫画」を読んでいることに気づきました。

「歴史、好きなの？」と尋ねると、「はい。好きです」と答えてくれたのです。

これは突破口になると感じました。社会科では、歴史単元が始まろうとしている時期でした。彼に「歴史雑談」のコーナーを任せてみることにしました。

授業の際、彼に、「織田信長についての豆知識はある？」と聞くと、彼は、いつも得意気に答えました。

家庭学習でも歴史を学ぶようになり、周りの子どもたちからも「歴史を教えて」と頼られるようになり、自信をつけていきました。

保護者も「社会がある日を楽しみにしていました」と話していて、活躍の場があることで学びへの意欲が高まることを実感するできごとでした。

おわりに
～大切なあの子に、あなたにしかできないこと～
あなたの言葉が未来を変える

AI技術が急速に発展する時代、私たち教員は必要とされるのでしょうか？

雑誌やメディアで、このたぐいの議論をよく目にしますが、現場に立つものとして、これだけは声を大にして言いたいのです。

主体的に学びに向かう子どもの育成は、目の前にいる教師が一番実現できる。鍵を握っているのは、間違いなく人の温かさであり、人の言葉である。

どんなにAIやテクノロジーの力で、生産的かつ効率的、合理的な教室ができたとしても、学校に通う多くの子どもが「勉強って楽しい」「学ぶって面白い」と感じるのは、難しいでしょう。短期的にはできたとしても、長期的には困難です。なぜなら、**人が「自分から」何かを頑張る原動力は、生産性や効率性ではなく、人の「温かみ」や「言葉」だからです。**

ここで、私の好きな映画『クレヨンしんちゃん 謎メキ！ 花の天カス学園』の話をさせてください。
この映画では、「ロボット×ＡＩ」の力で、子どもたちの学園生活のあらゆる場面が監視され、エリートポイントが強制的につけられます。良いことをすれば「エリート」、ミスやトラブルを起こせば「ノットエリート」。そこには、対話の必要性もなければ、「なぜダメなのか」を考える必要もありません。良いものは良い、ダメなものはダメ。ＡＩの管理体制とポイントシステムで、子どもたちが最短かつ合理的に学園の教育理念に導かれていきます。

映画を見たとき、もしこの世界が現実化したなら、主体的に学びに向かう子どもは育たないと確信しました。ポイントが高い子はポイントをもらえることがうれしいだけで、そこに至る成長過程や、ほめられた喜び、他者に貢献したいという人間の尊い気持ちも抜け落ちてしまうでしょう。ポイントが低い子たちは、言わずもがな悲惨な世界が待っています（ぜひ、映画を見て意見を聞かせてください）。

実際、教室での子どもたちを観察していると、同じようなことを感じる場面があるのです。
ＩＣＴ端末から発せられる「すごいね」「天才だね！」という定型のほめ言葉に対し、子どもたちは猛烈な勢いでタップボタンを押し、スキップしようとしているのです。まるで広告をスキップするかのように、自分に投げかけられたほめ言葉を次々に飛ばしていくのです。

プログラミングされた定型文のほめ言葉は、子どもたちの主体的な学びにはつながらない。

でも、子どもにとっての
大好きな大人
自分の理解者
自分の応援団が
「すごいね！」「天才だね！」って言ってくれたなら、5年後も10年後も、学び続けられるかもしれません。

コミュニケーションに関する書籍では、よく**「何を言うかより誰が言うかが大切」**という言葉を目にします。**本書を手にしているあなたは、すでに子どもにとって、その「誰か」なのです。**

さあ、明日も言葉を届けましょう。
大切な、あの子に届けましょう。

ロボットでもない。
偉人でもない。
芸能人でも人気YouTuberでもない。

そう、あなたが届ける言葉こそ、子どもが主体的に学びに向かうために必要なのです。

さてさて、普段は一言しか振り返りを書かない「あなたのクラス」の「あの子」が、振り返りをびっしり書いたノートをいつもと変わらない感じで提出してきましたよ。

どんな言葉を届けますか。

二〇二五年二月

難波　駿

左記のＳＮＳのＤＭにて、購入者特典をお渡ししています。ご興味のある方は、どのＳＮＳからでも構いませんのでご連絡ください。

X
日常の教育実践を投稿しています。自由進度学習を支える情報や考え方を発信しています。

Instagram
何かお困りや質問等あれば、ご連絡ください。

voicy
通勤時間にラジオ感覚で受けられる「ミニ研修」として発信しています。

Facebook　自由進度学習会
自由進度学習についてのグループです。全国の力のある実践者の方が集まっています。

著者紹介

難波　駿（なんば しゅん）

1988年北海道富良野市生まれ。北海道教育大学札幌校を卒業後、札幌市公立小学校にて勤務。札幌市教育研究推進事業国語科副部長。北海道国語教育連盟説明文部会チーフ。子どもが「勉強って楽しい、学ぶって面白い」と感じる授業を目指し研究中。学習者主体の授業手法や教育観、自立した子の育成について、書籍・講演会・SNSを通して発信している。単著『超具体！ 自由進度学習はじめの一歩』『学び方を学ぶ授業』（いずれも東洋館出版社）は発売から重版を重ね、ベストセラーとなっている。寄稿した本には『国語力を磨く 書く読む話す聴く 4つの力の育て方』（日本橋出版）など他多数。

自由進度学習 超効く！ 言葉かけ

2025年3月26日　初版発行
2025年3月27日　2版発行

著　者　難波　駿
発行者　佐久間重嘉
発行所　学 陽 書 房
〒102-0072　東京都千代田区飯田橋 1-9-3
営業　TEL　03-3261-1111　FAX　03-5211-3300
編集　TEL　03-3261-1112　FAX　03-5211-3301
https://www.gakuyo.co.jp/

ブックデザイン／LIKE A DESIGN　渡邉雄哉
DTP制作・印刷／日本ハイコム
製本／東京美術紙工

ISBN 978-4-313-65539-3　C0037
乱丁・落丁は送料小社負担にてお取替えいたします。
定価はカバーに表示してあります。